グローバル化と法の諸課題　グローバル法学のすすめ

中谷和弘・髙山佳奈子・阿部克則　編著

東信堂

はじめに

　人・モノ・サービス・カネ・情報の国境を越えた交わりがなされるグローバル化は現代社会において不可避の現象であり、日本法も適切な対応が余儀なくされる極めて重要な課題である。

　日本学術会議法学委員会「グローバル化と法」分科会では、グローバル化に伴う法的諸課題について種々の観点から検討を行ってきた。本書は、第24期の同分科会の委員のうち9名が各自の関心に従って自由に執筆したものであり、同分科会の見解そのものではないが、同分科会における検討の成果の一部である。

　この9名の原稿にはエッセイ的なものもあれば論文的なものもある。編者（同分科会の委員長を中谷、副委員長を髙山、幹事を阿部がつとめている）は、各執筆者に、専門外の読者にもわかりやすい記述をするようお願いした次第である。このコンパクトな本書をきっかけとして、読者が対外関係法、国際法、比較法などの「グローバル法学」への関心を高めてもらえれば、我々としてこれに勝る喜びはない。

　出版事情が厳しい中、東信堂の下田勝司社長には本書の刊行を快諾して頂いた。厚く御礼申し上げる。

2019年5月

中谷和弘、髙山佳奈子、阿部克則

目次／グローバル化と法の諸課題

はじめに··i

1　グローバル化をめぐる法的諸課題

「法を比較する」とはどういうことか··5
　　　　　　　　　　　　　鮎京正訓（愛知県公立大学法人理事長）

健康に関するグローバルな法··13
——Global Health Law とは何か？——
　　　　　　　　　　　　　阿部克則（学習院大学教授）

犯罪論体系の潮流と国際競争··26
　　　　　　　　　　　　　髙山佳奈子（京都大学教授）

国際経済法ルールの「盲点」と
「慎ましい」日本法への提案··38
　　　　　　　　　　　　　中谷和弘（東京大学教授）

グローバル化を手がかりとした
アイヌ政策推進に向けたアピール··50
——北海道ウタリ協会理事長・野村義一の国際活動に焦点を当てて——
　　　　　　　　　　　　　角田猛之（関西大学教授）

オハラとリブステインの『法の市場』は
法のグローバル化について何を示唆するか.................61
　　　　　　　　　　　森村　進（一橋大学特任教授）

2　グローバル化の中での法学教育

司法制度改革と日本司法の国際化......................75
―法科大学院における法曹養成の国際化課題に焦点を当てて―
　　　　　　　　　　　川嶋四郎（同志社大学教授）

グローバル化と法学教育..............................90
―名古屋大学大学院法学研究科リーディングプログラムを題材に―
　　　　　　　　　　　横溝　大（名古屋大学教授）

タマサート大学法学部英語コース(International LLB)で
教えて考えたこと....................................100
　　　　　　　　　　　吾郷眞一（立命館大学教授）

グローバル化と法の諸課題

1　グローバル化をめぐる法的諸課題

「法を比較する」とはどういうことか

鮎京正訓（愛知県公立大学法人理事長）

はじめに
1. 自分史と「比較法」
   (1) この間の私の仕事
   (2) 自分史のなかの「比較法」
2. 「法を比較する」とはどういうことか
   (1) 「比較」の動機づけ
   (2) どのように「比較」するか―市橋克哉理論を手がかりに―
おわりに

はじめに

　法律学には「比較法学会」や「比較法学」などの分野があり、自分もそれらにかかわりながら、「法を比較する」とはどういうことか、ということをずっと考え続けてきた。そもそも、「法を比較する」などということが出来るのか、という思いをもっていたが、その疑問がなんとなく解けそうだと腑に落ちるようになったのは、「法整備支援」という国際開発支援にかかわるようになってからであった。したがって、本稿では、その辺りのことがらについて、少しだけ記してみることにする。

1. 自分史と「比較法」

(1) この間の私の仕事

　この10年間ほどの私の仕事の成果は、以下の3点である。
　①鮎京編著『アジア法ガイドブック』名古屋大学出版会、2009年。
　②鮎京『法整備支援とは何か』名古屋大学出版会、2011年。
　③鮎京『日本とアジアをつなぐ―法整備支援のすすめ』旬報社、2017年。

　もちろん、この場でこれらの作品の内容を紹介するつもりはないが、ここでのべておきたいことは、私は法学研究者として、1)アジア諸国の法にこだわり、アジア諸国の法の研究は重要であると主張してきた、2)アジア諸国に対する法整備支援事業は大切であると考え、法の分野の国際協力、国際支援に打ち込んできた、ということである。

　「法整備支援」に馴染みのない方のために少しだけ解説すると、世界レベルで「法整備支援」(Legal assistance) が開始されたのは、1989年以降であり、日本政府が法整備支援に着手するのは1990年代中頃であり、ベトナムに対する法整備支援を嚆矢として、その後、カンボジア、ラオス、ミャンマー、モンゴル、ウズベキスタンなどの国々へと拡大していった。そして日本の法整備支援の実施主体は、多くの場合、JICAであり、法務省が中心となり、検察官、裁判官、弁護士、司法書士、大学教員などが専門家として現地（アジア各国）に長期に亘り派遣され、現地の法を改善するために懸命な努力を行ってきた。

　法整備支援には、その一分野として「法学教育支援」があり、日本の大学が上記の法整備支援対象国から留学生を受け入れ、学部または大学院で法学教育を行っている。今日では、名古屋大学が事務局を担当し、「日本法教育研究センター・コンソーシアム」が設立され（2017年。小畑郁教授が事務局長、鮎京が会長を担当）、一橋大学、慶應義塾大学など数多くの大学が加入し、アジアからの留学生を受け入れ、法学教育に取り組んでいる。

　「法整備支援」それ自体は、きわめて実践的な性格をもつプロジェクトであり、

それを学問的に整序することはなかなか難しいし、また、法整備支援は、実務的な仕事が多く、さらに言えば、これらのプロジェクトに打ち込むことによって学問研究の時間を奪われることも、ままある。ところで、このプロジェクトにおよそ 25 年間ほどかかわってきて、自分の中にわきあがってきた最大の疑問は、「法を比較する」とはどういうことか、というものである。

(2) 自分史のなかの「比較法」

　私は、大学院に入るときに、憲法を専攻したが、研究したいテーマは「ベトナム憲法史」であった。そこで、私は、憲法ゼミとともに、ベトナムが社会主義国であることから社会主義法ゼミにも入れてもらい、福島正夫先生の薫陶を受けた。先生のゼミで教えを受ける中で、世界には、様々なタイプの法があることを知った。資本主義法と社会主義法、社会主義法にも、中国法、ソビエト法だけではなく、ポーランド法、朝鮮法など様々な法があることを知った。また福島先生は、ベトナム法にも関心を示され、先生の理解は、ベトナム法の基本的な性格を中国法、朝鮮法に類似したものとして捉える点に特色があった。この点は、上記の拙著③に記したことがあるが、その後、私の師となった稲子恒夫先生がベトナム法をソビエト法に類似したものとして捉えたのと対照的であった。

　福島先生のゼミでの講義は、とてもアカデミックで、英仏独語（もちろんロシア語、中国語文献も）の、主として比較法学者といわれる人の著書の紹介がよく行われた。そして、福島先生の比較法学の背後には、なによりも穂積陳重先生の理論があり、また、仁井田陞先生の研究があることを知った。また、周知のことであるが、福島先生は、末弘厳太郎先生をリーダーとする中国農村慣行調査にも参加した経歴をもつ。したがって、福島先生は、それ以前に行われた日本の植民地法研究であった台湾旧慣調査、朝鮮旧慣調査に関する論文も数多く発表している。一般に、戦前・戦時中の日本の植民地、占領地研究に携わった法学研究者が、戦後は、その研究に関わったのは、国策に動員されたということで自らの履歴から消去した人もいる中で、福島先生は、そのような態度とは無縁であった。

　福島先生の比較法研究は、『福島正夫著作集』全 9 巻（勁草書房）として刊

行されたもののうち、第5巻「社会主義法」(1994年) と第6巻「比較法」(1995年) に詳しい。福島先生は、もともとは民法学者であり、日本近代法発達史という観点から、地租改正や「家」制度の研究をされてきたが、明治以降の日本のヨーロッパ法の継受に関心をもつとともに、先に紹介した中国農村慣行調査という「植民地法」研究の特異な経験は、その後の福島先生の比較法論にくっきりとした特徴を与えた。それは、法というものを考えるうえで、法の継受論を中心に、「法の進化」とは何か、「法の根づき」とは何か、という点を見すえた、まことに実践的というか実際的な性格をもった「比較法」研究であった、と思う。

　大学院を終えて、その後、名古屋大学法学部の助手に採用してもらったが、そのときに私が所属した講座名は「外国法」であり、教授がソビエト法の稲子恒夫先生、助教授がイギリス法の戒能通厚先生、助手がベトナム法の私、で構成されていた。講座名が「外国法」であって「比較法」ではないことに何となく漠然とした疑問を覚えはしたものの、「外国法」という方が、自分の気持ちには、収まりがよかった。後の話になるが、私が再び名古屋大学に戻ってきたとき、私の授業担当科目が「比較法」や「比較法文化論」となっており、違和感を覚えた。

　その後、比較法について基本的にすべてのことが網羅してある五十嵐清先生の『比較法ハイドブック〔第2版〕』(勁草書房、2015年) を読み、「比較法」と「外国法」の概念について、今では、ほとんど違いがない、とする外国での議論が紹介してあり、そんなものか、と思った。しかし、「外国法」は、フランス法やドイツ法やベトナム法など、外国の法のあり様を研究することだと理解できるが、「比較法」は、一般には、外国の法と自国の法、あるいは外国の法同士の比較ということになり、「比較する」とはどういうことかという問題を避けて通ることはできないので、大いに違うと思っている。

　ところで、名古屋大学では外国法講座に属したものの、実質的に私を助手に採用してくださったのは、憲法講座の長谷川正安先生であった。長谷川先生の著作は、学部、大学院の時代から、よく読んでいた。とくに私が関心をもった著作は、日本の憲法に関する一連の著作よりも、外国の憲法や比較憲法を扱った著作であった。言うまでもなく、長谷川先生は、日本の憲法状況を批判するために、

フランス憲法、イギリス憲法、そしてそれら憲法体制を支える憲法思想を伝えることに力を注いだ。それと同時に、長谷川先生は、世界各地の憲法及び憲法現象、政治のあり方を、実際に「見る」ことが好きだったし、それを大事なことであると考え、実行した。

　長谷川正安『世界の憲法を見る』（大月書店、1975年）は、『法学セミナー』に連載されたものをまとめたもので、文章も一般向けに書かれ、平易な内容で、読み易い。実は、私は、この本を最良の比較法研究入門書としてイメージしているのだが、日本の憲法学者の中で、このように多くの世界の各地に出かけ、実際の土地を見て考え記述した本は、他に類例がない。この本が面白いのは、ヨーロッパとともに、日本の憲法学者の多くが「敬遠」？して取り組むことがない、アジア、アラブ、アフリカ、ソ連、中国などに実際に行き書かれているからである。そして、"欧米以外の憲法現象も、ものすごくおもしろいぞ！"というメッセージがそこに含まれているからである。日本の憲法学者で、このような思いで憲法研究に取り組んだ人を私は、他には知らない。本気で、世界の各々の憲法は面白いし、研究に価する、と長谷川先生は考えていた。そうでなければ、私のようなベトナム憲法史を専門とする者が、名古屋大学に採用されることもなかった、と思う。

　同時に、長谷川先生は、初めて訪れる国に対して、ある意味では不確かながら、しかし、相当な自信をもって、自分の「第一印象」を大切にした。「しかし、それでも第一印象が重要なのは、そこには、本国の人には、また外国人でも長く住みついた人には感じとれなくなった、なにか本質的なものが多少なりともふくまれていることがしばしばだからである」（長谷川、同上、8頁）と、長谷川先生は、のべている。実は、私は、この本を読んで、法学部で、ベトナム憲法研究をやってもよいのだ、という確信というか思いをもたせてもらった。したがって、これまで簡単にのべてきたように、私は、福島正夫先生という「珍しい民法学者」と長谷川正安先生という「珍しい憲法学者」の強い影響を受けて、学問を形づくってきた、といえよう。

2.「法を比較する」とはどういうことか

(1)「比較」の動機づけ

　法を比較すると言う場合、すなわち、「比較法」という場合の「比較」とは何故必要なのだろうか。

　もちろん、法の比較という場合には、たんに実定法ばかりではなく、その背後にある法思想や法文化、さらには、それと同様に存在する政治体制や社会のあり方などが、当然のことながら研究の対象になってくる。ここでは、そのような比較法をめぐる基本的な諸問題は、別の本（本格的な比較法学の著作が日本でも数多く出版されている）に委せるとして、ただつぎのことについて記しておきたい。

　それは、「比較法」研究において、欠落とまでは言わないが、軽視されているのは、「比較の動機づけ」という問題である。もちろん、法の比較をする以上、どの研究者も、「何のために比較するのか」という視点は、それぞれに明確であろう。しかし、私がここで強調したいのは、「比較する」ということが、どこまで切羽つまって求められているか、という問題である。その点で、実定法の規定を具体的にどうするか、という判断をもとめられて比較をするという、ある種、切羽つまったところに研究者が置かれるという経験は、日本の比較法研究に大きなインパクトを与えているようである。

　そして、比較の動機づけと連動して重要な論点は、どのように、というか、どのような手続きで法の比較を行うか、ということである。

(2) どのように「比較」するか—市橋克哉理論を手がかりとして—

　上記のような問題意識からすると、行政法を専門とする市橋克哉さんは、比較法学にとっても、まことに有益かつ面白い議論を展開している。市橋さんは、日本の行政法理論と実務に詳しいとともに、モスクワでも勉強したことがあり、ロシア語にも堪能で、ソビエト法、ロシア法にも詳しい。そのような能力を買われて、中央アジアのウズベキスタンに対する法整備支援、とりわけ行政手続法制定支援のため、JICA専門家としてタシケントに滞在した。

市橋さんは、行政手続法制定支援を、日本、ドイツ、アメリカ合衆国の行政法専門家、そして、ウズベキスタンの法担当者らとチームを組んで議論をする中で、あることに気づいた。それは、ウズベキスタンの行政手続をよいものにしようという動機づけは各国の専門家とも同じであるが、各々の国の法学教育、法状況への理解、立法の経験などから、ウズベキスタンの行政手続法への支援のあり方の違いがあらわれた、という。そして、そのような経験を経ることによって、一方では、ある法制度を、異なる制度をもつ社会にはめこんだとき、どのような機能をもつのか、それは果たして移植しようとした国と同じか違うか、などを考えることになったという。また、他方では、途上国への法整備支援にとっては、「法の学識者」を形成することが決定的に重要である、と市橋さんは唱えている。

市橋さんは、「これまで『先進』とされた欧米諸国だけをみてきた単眼型から…『複眼型の比較行政法』へと進化する『パラダイム転換』が生じる可能性」をのべている（市橋「行政法整備支援の『メタ理論』と比較行政法への示唆」法律時報82巻12号、2010年、110頁）。

　このように、法整備支援に本格的にかかわった人の比較法論は、分かりやすいし、理論的にも有益である。何よりも、何のために比較をしているか、さらには、どのような手順、プロセスで比較をするのか、また、比較の結果、何が分かったか、ということが明快である。

おわりに

　比較法、そして私の専門との関連では比較憲法学ということになるが、一般に比較憲法学では、比較の基準がそれなりに設定されてきた。それは、例えば、ヨーロッパスタンダードであったり、あるいはグローバルスタンダードのように、ある種の「基準」を設けて、人権や統治機構の比較を行うという手法であった。「近代立憲主義」と言われるものは、「基準」の一つの典型でもあった。そして、それと比較して、「差」がある場合には、「段階の違い」であったり、「型の違い」であったり、の理由を考えるという発想であった。しかし、このような比較法は、

やや強引な整理ではあるが、「それで、どうしたいのか？」「どうしたらよいのか？」という動機づけと解決方法が、なんとなく背後に置かれているというか、隠されたような比較法であり、換言すれば、比較をしなくともはじめから結論が分かってしまっているというか、アジア諸国憲法研究者にとっては、「ため息まじり」の比較法であった。

　それに対し、法整備支援という実践的プロジェクトは、一方では、それがアジアの途上国を対象にしているということで、現地の法についての知識が不足しているにもかかわらず、否応なく支援主体に対して判断が求められる、他方では、法整備支援の主体が日本の法慣行、法実務にしばられながらも相手国政府の法とのすり合わせを求められる、という特殊な事情のもとに置かれる。
アジアをはじめ非西欧法の社会に、ほとんど関心をもつことの少ない日本の法学界は、いかなる比較法研究を必要としているのだろうか。

　あたり前のことではあるが、「多様性」(diversity)の中でこそ学問も発展するというのであれば、日本と宗教も社会も異なるアジアの国々の法と切り結び、複合的で、多元的な眼で各々の法を比較することにより、重層的な比較の視点が形作られるなかで、日本の比較法学の発展の希望は見出せると確信している。

健康に関するグローバルな法

―Global Health Law とは何か?―

阿部克則(学習院大学教授)

1. はじめに
2. Global Health Law とは何か?
   (1) Global Health Law の形成と世界保健機関(WHO)の役割
   (2) 感染症と Global Health Law
   (3) 非感染性疾患と Global Health Law
3. Global Health Law とたばこ規制
   (1) たばこプレイン・パッケージ規制
   (2) 受動喫煙対策と「たばこのないオリンピック」
4. おわりに

1. はじめに

　Global Health Law という概念が、近年、欧米の専門家の間で広まりつつある。この用語は、直訳的に日本語にすれば、「グローバル健康法」とでもなるであろうが、それでは世間一般の「○○健康法」の一種に間違われてしまいそうであるので、「健康に関するグローバルな法」とでも和訳するのが適切かもしれない。つまり Global Health Law は、人々の健康に関連する、グローバルな広がりを持つ法規範を総称するものである。

　Global Health Law は、我が国ではまだほとんど認識されていないが、最近の流れを踏まえると、一部の専門家の間だけでなく、世界的にも一定の影響力を持つ概念・法領域になる可能性があると思われる。各国の国際法学者が所属

するグローバルな団体で、ロンドンに本部を置く国際法協会（International Law Association）は、Global Health Law を研究テーマとする委員会を 2014 年に設置し、活動しているが、筆者もそのメンバーであることから、本稿では、Global Health Law とは何かを紹介することとする。後述のように、Global Health Law は、様々な問題に関連しているが、その中でも最も進んでいるたばこ規制については、やや詳しく論述し、グローバルな潮流の一端を紹介できればと思う。

2. Global Health Law とは何か？

(1) Global Health Law の形成と世界保健機関（WHO）の役割

　Global Health Law とは、多義的な概念であり、特定の法典や条約だけを意味するものではない。この分野の有力な研究者の 1 人であるブリジット・トーブス教授（オランダ・グローニンゲン大学）によれば、現在の Global Health Law は、これから洗練されていくべきダイヤモンドの原石のようなものであり、未だ境界が不明確な法領域であるが、その中心となるのは、世界保健機関（WHO）の枠組みにおいて採択される条約や規則、ガイドラインであるとする。そこでまずは、Global Health Law の生成と発展にとって、WHO が果たす役割について、確認することとしよう。

　WHO は、スイス・ジュネーブに本部を置く国連の専門機関の一つであり、世界保健機関憲章により 1948 年に設立された。我が国も 1951 年に加盟しており、現在では、194 か国・地域と 2 つの準加盟地域で構成される。その目的は、「すべての人民が可能な最高の健康水準に到達すること」であり（憲章第 1 条）、目的達成のため、感染症の予防・撲滅をはじめとする保健衛生に関する国際協力の促進に加え、「国際的保健事項に関して、條約、協定及び規則を提案し、並びに勧告を行うこと」も任務とする（憲章第 2 条(k)）。そして全加盟国で構成される世界保健総会は、3 分の 2 の多数決によって条約又は協定を採択する権限を与えられており、採択された条約又は協定は、各加盟国がその憲法上の手続に従って受諾したときに、その加盟国に対して効力を生ずる（憲章第 19 条）。後述

するたばこ規制枠組条約は、その例である。また世界保健総会は、感染症の国際的蔓延防止などに関する「規則（Regulations）」を採択する権限も与えられており、採択された規則は、事前通告の後に全加盟国に対して効力を生ずるが、通告中に述べられた期間内に事務局長に拒絶又は留保を通告した加盟国に対しては、この限りではない（憲章第 21 条）。後述する国際保健規則は、その例である。さらに世界保健総会は、WHO の権限内の事項に関して、加盟国に勧告を行う権限も有する（憲章第 23 条）。勧告は、法的拘束力はないものの、2004 年に採択された「食事、運動、健康に関するグローバル戦略」など、多くの勧告が出されている。

このように、WHO には、条約・協定、又は規則という法的拘束力を有する規範（ハード・ロー）を定立する権能と、勧告という法的拘束力を有さないものの加盟国の行動などに影響力を持つ規範（ソフト・ロー）を定立する権能の、双方が与えられている。これはかなり広範な権能だと言えるが、従来 WHO は、法的拘束力を有する条約や規則の採択には消極的であり、これまでに 1 つの条約と、2 つの規則しか制定していない。しかし、2003 年に採択されたたばこ規制枠組条約は画期的なものであり、同条約の下で、さらに議定書やガイドラインを作成されてきているため、同条約が策定されたインパクトは大きかったと言えよう。また、世界保健総会が行う勧告も、法的拘束力はないとは言え、近年では特に非伝染性疾患の削減・予防に関して重要なソフト・ローになってきている。WHO の下で生成されるハード・ローとソフト・ローは、相互に関連しながら、Global Health Law の重要な部分を形成していっていると言えよう。

(2) 感染症と Global Health Law

先にも述べたように WHO の重要な目的の一つは、感染症の予防・撲滅であり、WHO 創設後まもない 1951 年に、国際衛生規則（International Sanitary Regulations: ISR）が総会で採択された。ISR は、WHO 憲章第 21 条と第 22 条に基づく「規則」であるため、加盟国を法的に拘束する。ISR は、6 種類の感染症（ペスト、コレラ、黄熱病、天然痘、チフス、回帰熱）について監視・コントロー

ルする初めての普遍的な法制度であった。さらに、1969 年には、国際保健規則（International Health Regulations: IHR）が、ISR をアップデートするものとして、世界保健総会で採択された。1969 年 IHR は、当初は ISR と同じく 6 種類の感染症を対象としていたが、1973 年には、ペスト、コレラ、黄熱病のみを対象とすることになった。1980 年に WHO は、天然痘の撲滅を宣言したが、これは ISR と 1969 年 IHR に基づく取り組みの成果と言えよう。しかし、1969 年 IHR は、対象とする感染症が少なかったため、徐々にその限界が認識されるようになった。HIV/AIDS は、1969 年 IHR が対象としない感染症の代表例であるが、2003 年の SARS、2004 年の鳥インフルエンザの大流行が直接的な引き金となって、現在も有効な 2005 年 IHR が採択されることとなった。

　2005 年 IHR は、「公衆の保健上の危険（Public Health Risk）」という概念を導入し、限られた感染症だけでなく、新型の感染症を含む様々なリスクに対処できるようになった。「公衆の保健上の危険」とは、「人の集団的健康に否定的な影響を及ぼすおそれのある事態をいい、とくに国際的に拡大するおそれのあるもの又は重大且つ直接の危険をもたらすおそれのあるものをいう」と定義される。このような事態は、「疾病（disease）」によって引き起こされるものとされるが、「疾病」とは、「その病原又は源泉に関わらず、人に対して重大な害を生じさせる又は生じさせるおそれのある病気又は医学的症状」と定義されるため、あらゆる感染症が対象となりうる（第 1 条 1 項）。このような「公衆の保健上の危険」が存在する場合には、WHO 事務局長のイニシアティブにより、専門家から構成される「審査委員会（Review Committee）」の助言を受けて、世界保健総会が、「恒常的勧告（Standing Recommendations）」を発出することができる。恒常的勧告に法的拘束力はないが、加盟国により人の移動や貨物の輸送に対し適用すべき措置が含まれる（第 16 条・第 50 条・第 53 条）。

　さらに 2005 年 IHR は、「国際的に懸念される公衆の保健上の緊急事態（Public Health Emergency of International Concern）」という概念も規定する。これは、「疾病の国際的拡大により他国に公衆の保健上の危険をもたらすと認められる事態」で、且つ、「潜在的に国際的対策の調整が必要な事態」である（第 1 条 1 項）。この

定義からわかるように、「国際的に懸念される公衆の保健上の緊急事態」も、あらゆる感染症による事態を含みうるものであり、事務局長が、専門家から構成される「緊急委員会（Emergency Committee）」の助言などに基づき、認定する（第12条・第48条・第49条）。そして、この認定が行われた場合、事務局長は「暫定的勧告（temporary recommendations）」を発出し、疾病の国際的拡大を防止するために、人、貨物、輸送機関などに関して加盟国が実施すべき措置を勧告する（第15条）。

　その他に2005年IHRは、加盟国に対し、①「公衆の保健上の危険」と「国際的に懸念される公衆の保健上の緊急事態」に迅速且つ効果的に対応する能力を構築する義務（第13条）、②「国際的に懸念される公衆の保健上の緊急事態」を構成するおそれのある事態を速やかにWHOに通告する義務（第6条）、③国内IHR連絡窓口を設置し、WHOのIHR連絡窓口と常に連絡が取れるようにする義務（第4条）などを課している。

　このように2005年IHRは、感染症対策に関し、グローバルな法制度を整えたと言えよう。実際に、2009年の豚インフルエンザ、2014年のポリオ・ウイルスとエボラ出血熱、2016年のジカ熱に関しては、「国際的に懸念される公衆の保健上の緊急事態」が認定され、暫定的勧告も発出された。ポリオ・ウイルスを除き、1年前後で緊急事態は終結しており、感染症対策に関するGlobal Health Lawは、実効的なものと考えられる。他方で、感染地域のある加盟国や他の関係国が、過剰な措置をとり、人権保障の観点から問題視される状況も生じている。2005年IHRも、同規則の実施は人権を完全に尊重して行わなければならないと規定しているが（第3条1項）、Global Health Lawと国際人権法の関係は、重要な課題として認識されている。

(3) 非感染性疾患とGlobal Health Law

　Global Health Lawは、感染症だけでなく、非感染性疾患（Non-Communicable diseases: NCDs）に関しても、形成されている。非感染性疾患とは、不健康な食事や運動不足、喫煙、過度の飲酒などの生活習慣を原因とする疾患で、がん、糖

尿病、脳梗塞や心筋梗塞などの循環器系疾患、及び、慢性閉塞性肺疾患などの呼吸器系疾患が、主な非感染性疾患とされる。非感染性疾患は、生活習慣の改善などにより予防が可能なものであるが、全世界の1年間の死亡者のうち60％以上が非感染性疾患を原因とすると言われている。

このような現状から、WHOは、非感染性疾患の予防・削減対策を強化しているが、そのうち最も進んでいるのが、たばこ（喫煙）の規制である。WHOは、1970年代から、喫煙が呼吸器系疾患の原因になると警告し、たばこに対する増税を加盟国に要請するなどしてきたが、これらは、世界保健総会決議によるもので、法的拘束力はなかった。1996年になると、世界保健総会は、たばこ規制に関する「枠組条約（framework convention）」の作成を決議し、2003年には、総会において「たばこ規制枠組条約（Framework Convention on Tobacco Control: FCTC）」が採択された。同条約は、2005年に発効し、我が国も同年から当事国となっている。

この条約は、たばこの消費とたばこの煙にさらされること（受動喫煙）が健康、社会、環境、及び、経済に及ぼす悪影響から、現在及び将来の世代を保護することを目的とし（第3条）、主として、次のような措置を取るよう締約国に義務づける。①受動喫煙対策として、屋内の職場、公共の輸送機関、屋内の公共の場所などにおける受動喫煙対策を、国内法上の既存の権限内で実施する（第8条）。②たばこのパッケージについて、たばこの健康への危険性に関する警告及び情報を、少なくとも30％以上表示する（第11条1項）。③たばこの有害性について誤解を与えるような表現（ライトなど）が、パッケージにおいて用いられないよう確保する（第11条1項）。④たばこの広告を禁止又は制限すること（第13条）。⑤未成年者へのたばこの販売を禁止する効果的な措置をとること（第16条）。

このようにたばこ規制枠組条約は、様々な規制措置をとるよう締約国に義務づけてはいるが、枠組条約であるがゆえに、義務の内容が一般的な内容にとどまっているところも多い。そこで同条約は、その締約国会議が、条約の効果的な実施のために、議定書、附属書、及び、改正を採択することができると規定する（第23条5項）。これは、国際法で言う、いわゆる枠組条約方式である。ただし、現在までのところ、この規定に基づいた議定書の採択は、たばこの不法取引対策に

ついてしか実現しておらず、むしろ締約国会議は、「ガイドライン」という形式により、条約規定の実施の詳細を示している。締約国会議は、受動喫煙対策に関する第8条やたばこパッケージに関する第11条などを対象として、8つのガイドラインを採択しており、それ自体に法的拘束力はないが、締約国に対し実施を促すものとなっている。

　他方で、WHOは、たばこ・喫煙以外の原因による非感染性疾患についても、対策を進めており、総会において、いくつかの文書を決議している。例えば、2004年には、「食事、運動、及び、健康に関するグローバル戦略（Global Strategy on Diet, Physical Activity and Health）」を採択した。同戦略は、健康的な食事と運動を通して、人々の健康をまもり、促進することを目的とし、各国政府に対して、健康的な食事と運動を国民に奨励するよう求めるものである。また、2010年には、「アルコールの有害な使用の低減に向けたグローバル戦略（Global Strategy to Reduce the Harmful Use of Alcohol）」が総会で採択された。同戦略は、アルコールの有害な使用を低減し、人々の健康を保護するよう加盟国を支援することを目的とし、保健医療サービスの対応、アルコール飲料の入手可能性、アルコール飲料のマーケティングなどの10の分野において、加盟国政府がとりうる政策の選択肢と介入策を提示するものである。さらに、2011年には、「非感染性疾患に関するグローバル行動計画（Global Action Plan on NCDs）」が採択され、より包括的に、非感染性疾患の低減に向けて加盟国が2013年から2020年にかけて行うべき政策の選択肢を示した。

　以上見てきたように、非感染性疾患に関するGlobal Health Lawは、たばこ規制の分野において最も発展しており、そこでは、たばこ規制枠組条約（ハード・ロー）と、同条約の下で締約国会議が採択するガイドライン（ソフト・ロー）の組み合わせが特徴となっている。また、その他の非感染性疾患に関する分野では、条約などのハード・ローはなく、世界保健総会が決議する非拘束的文書しかないが、WHO加盟国の政策に一定の影響力を有するソフト・ローによるGlobal Health Lawが形成されてきていると言うことができよう。

3. Global Health Law とたばこ規制

前節で見たように、Global Health Law の中で最も法形成が進んでいるのが、たばこ規制であると言える。そこでここでは、たばこプレイン・パッケージと、受動喫煙対策（とりわけ、たばこのないオリンピック）に関して、グローバルな法がどのように機能しているか紹介する。

(1) たばこプレイン・パッケージ規制

たばこプレイン・パッケージ規制とは、たばこ製品の包装に使用されるデザインや画像、特有の色づかいなどが、たばこ製品の消費を誘発する効果があることから、そうしたデザイン・画像・色の使用をやめ、「装飾のない、地味な（plain）」パッケージのみを認める規制のことを言う。たばこ規制枠組条約自体は、プレイン・パッケージ規制を締約国に義務づけてはいないが、同条約第 11 条のガイドラインは、「締約国は、標準的な色とフォント・スタイルで表示されるブランド名及び製品名以外のロゴ、色、ブランド・イメージ、または販売促進情報の使用を制限又は禁止する措置を採用することを検討すべきである（プレイン・パッケージ）」としている。このように、第 11 条ガイドラインは、プレイン・パッケージの導入を、締約国に義務づけるものではないが、推奨する内容となっているのである。現在では、オーストラリアなどの 6 か国でプレイン・パッケージ規制が実施されており、さらに 7 か国で導入が予定されている。このようなプレイン・パッケージ規制が導入されれば、たばこ製品の視覚的な魅力が減少するため、たばこメーカーにとっては、大きな痛手となる。そのため、プレイン・パッケージ規制を撤廃させようとする「法廷闘争」が、グローバルに展開されてきた。

その 1 つが、オーストラリアが導入したプレイン・パッケージ規制について、それが WTO 協定上のオーストラリアの義務に違反するとして、ホンジュラス、ドミニカ共和国、キューバ、インドネシアが、WTO 紛争解決手続に提訴した事案である。提訴国の主張は、第 1 に、WTO 協定の中の「貿易の技術的障害に関する協定（Agreement on Technical Barriers to Trade: TBT Agreement）」第 2 条 2 項に、

オーストラリアのプレイン・パッケージ規制が違反するというものであった。TBT協定第 2 条 2 項は、WTO 加盟国が導入する強制規格は、「正当な目的の達成のために必要である以上に貿易制限的であってはならない」と定めるが、提訴国は、プレイン・パッケージ規制は「必要である以上に貿易制限的」であると主張したのである。これに対して、WTO のパネルは、2018 年 6 月に、提訴国の請求を退ける結論（報告書）を出した（Panel Report, Australia-Tobacco Plain Packaging, WT/DS435,441,458,467/R)。その理由は、プレイン・パッケージ規制が達成しようとする公衆衛生の改善は正当な目的であり、プレイン・パッケージ規制はこの目的の達成に意味のある貢献をしていること、そして、その目的が達成されない場合の公衆衛生上の危険は重大であり、さらに、プレイン・パッケージ規制以外の貿易制限的でない合理的な代替措置が利用可能でないというものであった。

　提訴国は、第 2 に、プレイン・パッケージ規制は、商標に関する TRIPS 協定に違反すると主張した。TRIPS 協定（Agreement on Trade-Related Aspects of Intellectual Property Rights: 知的所有権の貿易関連の側面に関する協定）は、WTO 協定の一部であり、著作権、特許権、商標権などの国際的保護を WTO 加盟国に義務づける。提訴国は、TRIPS 協定に関して、様々な違反があると申し立てたが、例えば TRIPS 協定第 20 条は、「商標の商業上の使用は……特別な要件により不当に妨げられてはならない」と定めているが、提訴国は、プレイン・パッケージ規制は、たばこ製品の商標の使用を不当に妨げるものであり、第 20 条に違反すると主張した。これに対し、WTO のパネルは、プレイン・パッケージ規制は、商標の使用を制限しているものの、公衆衛生の改善という目的に貢献しており、「不当に」妨げているとは言えないと結論した。

　このように WTO のパネルは、オーストラリアのプレイン・パッケージ規制が、WTO 協定には違反しないと判断した。パネルは、たばこ規制枠組条約やそのガイドラインがあることを直接の理由とはしなかったものの、たばこ規制枠組条約上認められ、且つ、ガイドラインによって推奨されるプレイン・パッケージ規制を導入する締約国の権利を、WTO 協定との関係においても、尊重する結論に至ったと言えよう。なお、この事件は上訴され、上級委員会でも審理中であるが、本稿

執筆時点ではまだ結論は出ていない。

　もう1つの「法廷闘争」は、フィリップ・モリスが、国際投資協定上の投資仲裁、いわゆる「ISDS（Investor to State Dispute Settlement）」を使って、オーストラリアを提訴した事案である。国際投資協定とは、主に2国間で締結される条約で、一方の国の投資家の権利を、投資を受け入れる他方の国が保護することを義務づける。フィリップ・モリスは、国際投資協定上、投資家として保護されるべき自社の権利が、オーストラリアにおいて、プレイン・パッケージ規制によって侵害されたと訴えたのである。

　この事案については、フィリップ・モリス側が、「手続を濫用した」との理由で、仲裁人にいわば門前払いされる結果となったが、その経緯は次のようなものであった。フィリップ・モリス・グループ内の香港法人であるフィリップ・モリス・アジア社が、オーストラリア・香港投資協定に基づいて、仲裁に提訴した。フィリップ・モリス・アジア社は、グループ内の投資再編成により、オーストラリア法人のフィリップ・モリス・オーストラリア社を2011年2月に100％子会社にしたが、同年11月にオーストラリアは、プレイン・パッケージ規制を導入した。フィリップ・モリス・アジア社は、フィリップ・モリス・オーストラリア社が所有する商標権等の知的財産権は、オーストラリア・香港投資協定により保護される投資財産に該当するが、オーストラリアのプレイン・パッケージ規制により、投資財産が侵害され、投資協定に違反すると申し立てたのである。2015年12月に、仲裁廷は、2011年にフィリップ・モリス・アジア社がフィリップ・モリス・オーストラリア社を子会社にしたのは、同年に導入が予測されていたプレイン・パッケージ規制を、オーストラリア・香港投資協定を用いて投資仲裁に提訴するためだったとし、そのような企業内の投資再編成は、手続の濫用にあたるので、フィリップ・モリス・アジア社の申立は受理できないと結論した（PCA Case No. 2012-12）。

　このように、WTO協定や国際投資協定を用いて、プレイン・パッケージ規制を撤廃させようとする試みは、今のところ失敗に終わっている。また、パッケージの80％をたばこの健康被害表示とするなどのウルグアイの規制に関し、フィリップ・モリスのスイス法人などが申立人となり、スイス・ウルグアイ投資協定に基づいて、

仲裁に提訴した事件においても、フィリップ・モリス側の申立は認められなかった（ICSID Case No. ARB/10/7）。こうした一連の動きは、Global Health Law の実現に向けて、国際経済法が障害とはならないことを示すものと考えられ、興味深い。

(2) 受動喫煙対策と「たばこのないオリンピック」

先に見たように、受動喫煙対策に関しては、たばこ規制枠組条約第 8 条とそのガイドラインが、オフィスや公共施設の屋内全面禁煙などを定めているが、2003 年の条約採択以降、その実現が速やかに進んだとは言えない状況であった。しかし、興味深いことに、オリンピックの開催国・都市においては、受動喫煙対策が急速に進む傾向を見てとることができ、2020 年の東京オリンピックに向けた我が国の取り組みも、その例外ではない。その背景には、たばこ規制枠組条約とそのガイドラインだけではなく、WHO と国際オリンピック委員会（IOC）との間の「覚書（Memorandum of Understanding）」の存在がある。

オリンピックに関しては、1988 年のカルガリーと 2008 年の北京において、それぞれ「たばこのないオリンピック（Tobacco Free Olympics）」が推進されてきたが、2010 年には、WHO と IOC との間で、「たばこのないオリンピック」開催に関する覚書が結ばれた。それを踏まえて WHO は、「たばこのないメガ・イベントに関する指針（A Guide to Tobacco-Free Mega Events）」を作成し、オリンピックを含む大規模なイベントの開催に際してとるべきたばこ規制の内容を示した。そして、2010 年のバンクーバー、2012 年のロンドン、2014 年のソチ、2016 年のリオ、2018 年のピョンチャンと、すべての開催地において、罰則を伴う受動喫煙防止対策がとられている。それらは完全に一致するものではないが、学校、医療機関、官公庁等の公共性の高い施設や公共交通機関、飲食店、オフィスについては禁煙とするものである。さらに、2020 年の東京オリンピックに向けても、健康増進法の改正や東京都の受動喫煙防止条例により、近年のオリンピック開催地と同様な受動喫煙対策が実現した。

このように、WHO と IOC との間の覚書や WHO の指針は、たばこ規制枠組条約が規定する受動喫煙対策の実現を、補完する形になっている。これらの覚

書や指針は、法的拘束力のあるものではないが、東京オリンピックを契機とした我が国における健康増進法改正や都条例策定の動きを見てもわかるように、受動喫煙対策強化にとって大きな推進力となったと考えられる。そのような実態からすれば、「たばこのないオリンピック」関連の覚書や指針は、ソフト・ローとしてGlobal Health Lawの一部を構成すると言えるのではないだろうか。

4. おわりに

　以上見てきたように、Global Health Lawは、WHOが策定する条約、規則、勧告を中心に形成されつつある法領域と言えよう。その1つの特徴は、非感染性疾患対策や「たばこのないオリンピック」にあるように、ソフト・ローが重要な役割を果たしていることにある。また、それに関連して、主権国家以外の企業や団体も、Global Health Lawのアクターとみなすことができるかもしれない。例えば、2010年に世界保健総会が採択した「アルコールの有害な使用の低減に向けたグローバル戦略」に対しては、世界の主要酒類メーカーが適正飲酒の推進に取り組んでおり、WHOの「たばこのないメガ・イベントに関する指針」においても、オリンピックなどの開催国政府だけでなく、開催都市や開催団体も指針の名宛人になっている。その点で、Global Health Lawは、主権国家だけを規律対象とするのではないという意味で「国際」ではなく、「グローバル」な性格を有すると考えられる。

　そのため、Global Health Lawの外縁は不明確であり、法学の一分野として成立するかどうかも定かではない。ただし、健康は人類の永遠の課題とも言え、その課題に対してGlobal Health Lawという概念でアプローチすることが、世界的な潮流になるとすれば、我が国においても、そうした流れを踏まえて対応すべきであろう。個別の疾病対策や規制を単独で考えるのではなく、グローバルなレベルから総体的に健康問題をとらえ、政府や企業、個人が、法的課題に取り組むことが求められているのかもしれない。

参考文献
Global Health Law の観点から執筆された書籍として、次のものがある。
Lawrence O. Gostin, *Global Health Law* (Harvard University Press, 2014)
Michael Freeman, Sarah Hawkes and Belinda Bennett, Law and Global Health – current legal issues (Oxford University Press, 2014)
Gian Luca Burci (ed.), *Global Health Law* (Edward Elgar Publishing, 2016)
Gian Luca Bruci and Brigit Toebes (eds.), *Research Handbook on Global Health Law* (Edward Elgar Publishing, 2018)

犯罪論体系の潮流と国際競争

髙山佳奈子（京都大学教授）

1. はじめに
2. 主な体系論
   (1) 主観・客観による体系
   (2) 古典的体系
   (3) 目的的行為論以降の体系
3. 機能主義的刑法学の体系
   (1) 淵源
   (2) 展開
   (3) 問題点
4. 古典的体系論の復権
   (1) 日本
   (2) 旧植民地
   (3) 中国
   (4) 国際交流の状況
5. おわりに

1. はじめに

　1868年の明治維新開始当時、ドイツは未統一であり、欧米並みの近代化を目指す日本が1880年に制定した旧刑法は、フランス刑法をモデルにしていた。犯罪はそこで、刑罰法規の存在を前提に（罪刑法定主義）、客観的要素（élément matériel）と主観的要素（élément moral）とから成るものとされる。この考え方は、客観と主観の双方を要件とすることから「折衷主義」と呼ばれていた。しかし、フ

ランス刑法はもともと、裁判が恣意的に行われていたアンシャン・レジームへの対抗として、細かい規定により裁判所の解釈・裁量を小さくしたものであったため、旧刑法は日本社会に合わせにくい部分も有していた。その頃ドイツで有力化した特別予防論の影響を受けて、1907年制定の日本の現行刑法典は、抽象的で少数の条文を規定し、事案と対象者の個性に合わせた判断をしやすくした。

　ドイツの犯罪論は19世紀に各ラント（領邦）の法およびそれらに共通する普通法として展開していたものであり、ローマ法と教会法をベースに観念哲学の理論をふまえて精緻化されてきていた。そこでは20世紀前半までに、まず、「違法性」と「責任」とを区別する客観的違法性論、次いで、「構成要件該当性」「違法性」「責任」の3段階を検討する犯罪論の体系が析出した。

　日本の犯罪論はこれ以降のドイツの議論を追う形になっている。植民地支配の影響もあり、戦後、韓国と台湾からもドイツに留学して学位を取得する研究者が多くなっている[1]。教会法の文化的素地のあったスペインとポルトガル、およびそれらの植民地であった中南米諸国でもドイツ刑法の体系を採用するところが多い。また、この流れとは別に、ドイツの刑法理論が優れているという純粋に内容的な理由によって、これを参照する国々も出てきており、中国の例を後述する。

　本稿は以下で、ドイツの犯罪論が世界をリードするようになっていることを確認しつつも、その批判的検討が同時に必要であり、また地域によって犯罪論体系の具体的展開に相違の出ていることを述べる。その上で、相違する体系論の間での競争がさらに刑法理論と実務の発展に国際的に資するという展望を示したい。これはあくまで筆者のこれまでの研究テーマおよび国際学術交流の経験に規定された1つの見方にすぎない。筆者は2020年に生誕100年となる平野龍一の刑法学を継承しようとする者であり、その国際的な影響に注意を払って叙述する。もとより、その内容は筆者の個人的な研究・教育経験からの見方にすぎないことを、あらかじめおことわりする。

　なお、刑事手続法に関しては、当事者対抗主義の米国において議論の高度に発達している領域が多く、それには別の歴史的・宗教的要因があるので注意が必要である。

2. 主な体系論

(1) 主観・客観による体系

　中世には物や動物を「処罰」する裁判も広く行われていたとされるが、近代法で犯罪とされるのは「人」の行為である。「人」はもともと自然人を想定していたが、現代の法人処罰制度では「法人」も「人」の一種として考えられることが多い。物ではなく人の行為を処罰対象にすることと結び付いて、犯罪が客観的要素と主観的要素とから成るとする理解は多くの法制度の採用するところであった。1で言及したフランス法がそうであるし、英米法系でも客観的要素 actus reus と主観的要素 mens rea が犯罪を基礎づける事実である。フランス法から発展した旧ソ連刑法では、犯罪の要素を、主体、主観的要素、客体、客観的要素の4つに区分し、この体系が、中央アジア、東欧、ベトナム、キューバ、そして中国の刑法に強い影響を及ぼした。

(2) 古典的体系

　ドイツでも、違法性と責任とを区別する客観的違法性論が確立した当初は、客観的要素が違法性、主観的要素が責任に相当するものだとする(1)の理解が基本であり、例外として、「主観的違法要素」がいくつか認められるとするメツガー[2]らの見解が有力であった。そして、構成要件該当性、違法性阻却、責任、という3段階で犯罪の成否を判断する「古典的体系」が生まれた。故意・過失が責任要素とされているのがこの体系の特徴である。

　次節3で述べるが、この体系は日本で平野龍一を中心に主張され、筆者もその学派に属する。また、オーストリア・ハンガリー二重帝国下にあった地域の刑法の中にも、この20世紀初めの体系を維持していたものがある。一方、本国ドイツでは、次項(3)の体系が新たに通説化したため、古典的体系は少数説になっている。

　平野は当初、(3)の目的的行為論を支持していたが、メツガーの議論を日本に詳しく紹介した佐伯千仭の見解などにも示唆を受けて、ここにいう古典的体系を

採用することに転換したのである。佐伯や瀧川幸辰の見解を直接に受け継いで戦後リベラルな方向に発展した日本の有力学説においては、違法性の意識を故意の要素とする厳格故意説が採用されているため、故意は責任要素であり、論者の中には主観的違法要素を一切認めない立場もある。ドイツでも、シュミットホイザーら厳格故意説の少数の論者は、古典的体系を採用した。これに対し、平野の刑法学は、多様な価値観を肯定し少数者を保護する局面では確かにリベラルといえるのだが、刑法理論は国家による社会統制に責任をとらなければならないとする刑事政策的考慮が前面に出ているところもある（刑法の「機能的考察」）。同様の理念に基づいた議論をドイツで展開していたのがユルゲン・バウマンであり、その後継者ウルリッヒ・ヴェーバーらも古典的体系を採用している。

しかし、いずれの流れにおいても、主観的要素を犯罪体系の初めのほうではできるだけ考慮しない方針が採られており、これはリベラルな発想に基づくものである。

(3) 目的的行為論以降の体系

ドイツのハンス・ヴェルツェルによって完成させられた目的的行為論は、人の行動が意思によって導かれるものであることに注目し、故意を違法要素であるとして犯罪体系の初めに置くものである。この理解は、典型的な場合について日常の生活感覚によく合致するので、広く支持を集めたが、不作為犯や過失犯などをどのように説明するか、また、誤想防衛などの正当化事情の誤信の場合の扱いが自明でなく、そのままの形では通説化しなかった。

しかし、現在のドイツの通説や、日本の有力説も、故意・過失を違法要素とする点でこれと共通である。ただし、ヴェルツェルとは異なり、正当化事情の誤信は故意犯の成立を否定するとする制限責任説が、両国で多数説である。

3. 機能主義刑法学の体系

(1) 淵源

ヴェルツェルに代表されるボン大学の学派は、目的的行為論を有力に展開して

いたが、その主張内容には、違法性と違法性阻却の実質を「社会的逸脱／社会的相当性」とする理解が含まれていた。この部分を犯罪論の体系の全体に推し及ぼすことによって、ルーマンの法社会学におけるシステム論に近い内容で新たな犯罪理解をうち立てようとしたのがヤコブスである。ルーマンにおいて、法システム論はその存続のために、予期に違背する行為を処罰することで、規範秩序に対する社会の信頼を維持しようとする。ヤコブスにおいてはその内容が客観的帰属や作為義務、責任能力などについて具体化され、処罰対象の範囲に含まれるのは、被害や危険を回避するように一定の行為を期待される「管轄」を有する者だとされる。また、非難を受けるべき「人格」に含まれる者だけが刑罰を賦課される。

　ヤコブスによると、この立場は従来の法学と異なり、法システムがその存続のためにどのように機能しているかを観察するものであって、それが正しい、あるいは望ましいとする価値判断を含まない。そこではたとえば、テロリストを「敵」として一般市民とは区別し、「市民刑法」とは異なる「敵刑法」の適用対象とする現象も説明される。このような機能主義の態度は、法社会学の観点に近いものである。

(2) 展開

　彼の影響下にあるドイツ内外の研究者は、犯罪論の個別の論点にこうした検討方法を応用するだけではなく、犯罪および刑罰そのものの理解も機能主義の立場から掘り下げることとなった。その結果、刑法学界には「応報刑論のルネサンス」と呼ばれる流れが生まれて機能主義を前提にしない論者からも一定の支持を集めるようになった。さらにそれを超えて、筆者には「主観的違法性論の復活」とも感じられる動きもある。たとえば重度精神疾患のために心神喪失状態で人に危害を加える者について、刑罰システムとしては、そもそもそのような状態の者が適法に振る舞うことを期待していなかったから、刑罰をもって反応する意味がない。代わって保安処分や医療など他のシステムが反応する、とされることである。

(3) 問題点

　このような新しいスタイルの「刑法学」は、生命、身体、自由、財産といった具

体的な利益の保護を中心に犯罪論体系を構想する古典的で自然主義的な立場[3]からはおよそ受け入れられないものである。日本を含む各国で、機能主義刑法学は、相当に有力ではあるが多数説にはなっていない。素朴な法益保護説に立つ筆者には、ここでの論争が2つの重要な示唆を与えるように思われる。

　1つは、違法性の実質を何らかの「規範」に対する違反だとする（古くからある）立場は、突き詰めれば機能主義のような理解に到達せざるをえないのではないかということである。ここでの予期ないし規範的予期は、1人の個人が他人に対して何かを期待しているだけでは成立せず、集団によって形成されているものである。これに対し、旧過失論に典型的に表れるように、法益保護説では、個々人が自己の利益の守られることを期待しており、その期待が規範になっている必要はない。規範論にいう規範とは、社会規範であり、それは法律に明示されたり法解釈において具体化されたりする。個人の特殊な利害は捨象されるため、一般人のように振る舞えばその行為は社会的に相当であって適法であると評価されることになる[4]。能力が欠けるためにもともと一般人のように振る舞えない者は、従来、非難可能性すなわち責任がないこととされてきた。だが、法は不可能を強いるものではないから、そこには社会的な期待がないのだとすれば、違法性も認められないことになるだろう[5]。

　もう1つは、伝統的な法学とは異なる方法論を採用することによって生じうる政治的影響について、機能主義を支持する論者が自覚的なのかに疑問があるということである。名称は似ているが全く異なる立場である平野の「刑法の機能的考察」は、法益を保護するために逆効果になってしまう処罰や、効果のない処罰は避けるべきである、との前提から、ある解釈や立法が果たすこととなる実際の機能に着目するものである。そこで目指されているのは、個々人やその集合の生の法益の保護である。平野は国家的治安の確保を重視するが、そのために一般人のように振る舞うことは原則として要求しておらず、個別の利益をじかに保護しようとしている。これは一般人ではない少数者の利益にも平等に配慮する立場であり、筆者は日本国憲法がうたう個人の尊重に適合する見解だと理解している。これに対し、社会的相当性／逸脱により適法／違法を区別する機能主義は、少数者の利

害を切り捨てることとなる側面を持たざるをえない。たとえば、かつて、性別適合手術は、日本社会の多数の者に著しい嫌悪感を惹き起こすものであり、これを是認すれば法秩序に対する社会の信頼を害するものであって、外国でしか受けられなかった。当時の社会規範がそのようなものであった以上、当然だ、と言ってすませるべきことなのか。

現代の医学研究においては、何人も、いくつかの遺伝性難病の因子を持っているとされる。発現するのがまれなだけで、誰でも何らかの観点では少数者である。平野は東京大学総長まで務めた人物であるが、つねに少数者の視点で刑事法学全般に臨んでいた。これに対し、規範ないし法秩序・法システムの観点に依拠する論者の中には、自らが（ある意味で）少数者であることに自覚的でありながら、だからこそ多数の権威に依存しようとするタイプの思想家がいる。その主張は、システムの具体的な内容が正しいとする内在的な正当化を必ずしも含まないため、システムの内容が変われば見解の変遷がありうる。

自己が少数者だと思っていない学者の間では権威主義がなおさら強く、1930年代から40年代にかけてだけ、全体主義的な立場を採用し、戦後元の立場に戻っている者が少なくない。現代はマイノリティの人権が正面から認められるようになってきているが、依然として、権威を讃えることによって自己の立場を擁護する一定の傾向が社会の上層部においてもみられる。

4. 古典的体系の復権

(1) 日本

　目的的行為論以前の古典的犯罪体系は、ドイツでは現在少数説になっており、故意・過失を違法性の要素として構成要件段階に位置づける体系のほうが一般的である。ところが、東アジア諸国では、この体系がそれなりの支持を集め、それどころか影響力を拡大しているとも見うる現象がある。

　日本で主観的違法要素を限定しようとする立場が戦後有力であったのは、主観面の捜査において人権侵害の起こるおそれが高いことへの懸念にもよると考えられ

る[6]。もっとも、逆に、被害を重視する素朴な応報感情から、国民の規範意識を基準に「責任能力」や「故意」を認定しうるとする形で主観的要素を「客観化」する立場もあることに注意を要する[7]。ドイツでも「故意の客観化」は比較的近時における有力説であり、論者の一部は機能主義の立場を採用している。そこには一般人から外れる者に一般人目線で刑事責任を押し付けることとなるおそれがある。刑事責任は多数者と異なることに対する非難となりかねない。

　だが、いずれの国でも、近年勢力を増しているのは、多様な価値観を是認するリベラルな立場からの客観主義である。その背景には国際学術交流をふまえた人的な影響力がある。日本では、平野龍一が多数の若手研究者を育成したので、学界においてその見解がより重視されるようになった。また、司法試験制度改革により、特定の委員が長期間、あるいは、口述試験において、自説の影響力を発揮することができなくなった。平野の門下生も後進をそれなりに多く育てたため、単純に数の影響力だけで見ても平野説は繁栄に至ったといえる。

(2) 旧植民地

　旧植民地の韓国と台湾では、戦後、日本法により継受されたドイツ法を直接に参照すべく、ドイツに留学して博士学位を取得する者が多くなっている。それは政治的にも学術的にもある意味で自然な流れであったといえる。その結果、両地域では、目的的行為論以降のドイツ刑法の体系が通説化しており、目的的行為論自体も、ドイツや日本におけるより有力である。ドイツと同じく憲法裁判所が法制度の形成に重要な役割を果たしており、実務的にもドイツ法に近い事件処理をしやすい前提がある。

　そうだとしても、そこでは日本法への関心も失われておらず、戦時から連続的に、日本法は比較研究の対象として注目されてきた。日本で1990年代に大学院重点化が高等教育政策として開始されて以来、文系でも学位取得が促進されるべきだとされた。また、留学生の増加が目指され、大学の国際化が推進されている。かつては、日本で法学を専攻して博士学位を取得するにはかなりの年数と費用とを要したが、それが次第に緩和されてきた。最近では、台湾から日本に留学する

者が増加している。その中には、客観的要素を重視するリベラルな体系を学ぶためにあえて来日する者も多く、帰国して学界で活躍するようになっている。

(3) 中国

中国は歴史的には独自の法制度を築き、ソビエト刑法の影響を受けて他の社会主義諸国と類似する犯罪論を展開してきた。ここに近年、大きな変化が見られる。

1990年代から、改革開放政策の中でさらに市場経済が推進され、中国はほとんど等加速度的な GDP の成長を遂げることとなる。国際経済の中でも重要な地位を占めることができるよう、まず、私法の領域の改革が進められた。これを追うように、刑事法、公法の分野でも、国際的な議論への関心が高まった。1980年代までの中国は、法的な価値観の相違から、憲法や民法に関して自由主義体制の他国と同じ前提で学術的な対話をすることが難しかった。そのため、国際シンポジウムといえば、政治的・経済的な体制の相違の影響が比較的小さい刑法分野におけるものがほとんどであった。だが、私法の改革が意図されると、日本や欧米の法制を学ぶ留学生が多数送り出されるようになり、次いで、外国で刑事法を専攻する者も増えた。最後に、憲法研究者の国際交流も開始されている。かつてはおよそ考えられなかった、中台の憲法学者の共同研究も現在では可能である。

刑事法分野において、中国からは、2000年代以降、多数の若手研究者が欧米や日本に留学してきており、有力大学の大学院では、日本人学生よりも中国人学生のほうがはるかに多いということも珍しくない。以前は国費などの奨学金を得なければ留学できない者がほとんどであったが、今は奨学金の種類も増加したほか、裕福な家庭の出身の私費留学生が相当多数に上っている。

このような中で、1980年代以降に中国から日本に留学した比較的初期の留学生が、年代的に中国の刑法学界で影響力を強めている。代表的なのは清華大学教授の張明楷であり、80年代末と90年代に東京都立大学と東京大学で在外研修を行った。張は東大で、平野の門下生であった山口厚・現最高裁判所判事

を受入教員としており、平野や山口の古典的犯罪論体系を中国に導入することになった。

中国刑法典は基本的にソビエト刑法の体系に基づいていると考えられているのであるが、張は日本の古典的体系に引き付けた解釈論を展開しているように見える。司法試験委員としても学界・受験界に一定の影響を及ぼしていると言われており、その結果、平野の没後も、山口ら門下生の著作や、さらにその門下生にあたる研究者の著作が、中国では熱心に参照されるに至っている。

(4) 国際交流の状況

現在、筆者の研究室には常時数名の留学生がおり、出身地は大部分が中国、台湾、韓国である。優秀な学生は、どこに留学するか選ぶことのできる立場にある。受け入れ側は、良い条件を提供して留学生獲得競争に勝たねばならない。

その際、日本の学費や生活費はドイツよりも高額であるので、何かメリットが必要である。文化的魅力だけでは十分でない。たとえば、京都大学の大学院に来れば、日本法もドイツ法も英米法も勉強できる、という学習上の利点や、国内外の他研究機関との連携の広さと深さ、といった強みをアピールすることになる。

2000年代以降、刑法分野にも中国からの留学生が多く来日していることは、流れとしては、中国の経済発展に呼応する私法の改革から始まった欧米や日本の制度への関心の高まりの中に位置づけられる。しかし、法理論の継受は経済的な要因ばかりによるのではない。他国の経験を模範あるいは失敗例とし、そこでの議論を参考にすることは、自国の法制度の発展のためにプラスとなる。これは中国に限られない。人口規模の小さい国は、他国に蓄積した豊富な実例から学ぶことができる。統治体制の歴史的な転換を経験した国では、先進諸国の間での「法整備支援」の競争も発生し、それは先進国にとって自らの制度の改善にもつながる。留学生を受け入れる国の側の学生も、高い能力を持って選抜競争に勝ち抜いてやって来る留学生に負けないよう切磋琢磨しなければならない。

5. おわりに

　国際学術交流の中で生じている制度間の競争は、理論の深化によって、関与する国のいずれにとっても、自国の制度をより良いものにする契機となる。最後に、この新しい現象を通じて観察できる、より大きな文脈での展望を 2 点述べたい。

　1 つは、国際学術交流が、世代をまたがるつながりとなりつつあることである。平野龍一など日本刑法学会創設の頃から活躍した研究者らは、この分野の国際学術交流の面でも草分け的存在であったといえる。しかし、20 世紀までは、学術交流といっても、国際シンポジウム等の研究集会において、それぞれの国の状況を紹介して質疑応答に移ることが主な内容であった。その後、教え子として数代を経た世代にあたる現代の中核的な研究者においては、基礎理論についてもドイツ語でドイツの研究者と直接に議論をたたかわせることができるようになった。

　アジアとの関係では、20 世紀のうちに日本に留学していた研究者が出身国で研究者養成を担うようになり、さらにその教え子として日本に留学する者が増えている。また、日本でなくドイツや英米に留学した若手研究者が、日本の研究者との対話に強い意欲を見せている。筆者よりもやや若い世代の気鋭の教授たちの意気込みには驚嘆せざるを得ない。

　もう 1 つは、これらの国際学術交流が全体として、国際人権水準への貢献を果たしうるということである。理論研究の競争の中で、人権保障に資する優れた成果が生まれることもあるだろう。それだけでなく、単純に他国の制度から学ぶ可能性も広がるに越したことはない。刑事法におけるこの間の交流範囲の拡大を見るに、当初は国による相違が比較的小さい実体刑法の比較を出発点とした。その後、刑事政策においても各国の工夫を相互に学ぼうとする動きが出てきている。最後に残っているのは刑事手続法ないし憲法上の人権保障の課題である。欧州人権条約の水準に比べれば、日本の人権保障はまだまだである。だがアジア諸国の中にはそのレベルにも追いついていないところもある[8]。たとえば、現状では、京都大学で刑事手続法を専攻しようとするのは主に韓国と台湾の研究者および実務家であり、メインランドの中国からの留学者の専攻は実体刑法に集中している。

しかしこれも、そう遠くない時期に大きく変わっていくことが期待される。同時に、日本の人権水準の向上も実現されなければならず、そのためにはこれからの世代の専門家が地域の枠を超えて[9]協力して歩むことの重要性がいっそう広く認識されるべきである。

注
1 　法の継受と言語の問題につき、Kanako Takayama, Zur Bedeutung der Rechtsvergleichung im japanischen Strafrecht, in: Hans-Peter Marutschke (Hrsg.), Rechtsvergleichung mit Japan - 25 Jahre Japanisches Recht an der FernUniversität in Hagen, 2017, S. 182 ff.
2 　Edmund Mezger, Die subjektiven Unrechtselemente, Gerichtssaal 89 (1924), S. 205 ff.
3 　ここから出発する思考経済上合理的でシンプルな体系について、髙山佳奈子「犯罪論体系と比較法研究」斉藤豊治ほか編『日中経済刑法の最新動向』（2019 予定、成文堂）。
4 　たとえば、薬害エイズ帝京大事件に関する東京地判平成 13 年 3 月 28 日判例時報 1763 号 17 頁。筆者は無罪判決の結論そのものに反対するわけではないが、法益保護説からは、クリオ製剤を使用することができたのに非加熱製剤を使用してエイズに罹患させた行為を適法とすることはできない。髙山佳奈子「過失の概念」西田典之ほか編『刑法の争点』（新・法律学の争点 シリーズ 2）（2005）74 頁以下。
5 　髙山佳奈子「違法性と責任の区別について」川端博先生古希記念論文集上巻（2014、成文堂）53 頁以下は、法が不可能を強いるものではないことを違法性段階でも前提としつつ、なお責任との区別を要することを主張した。
6 　Kanako Takayama, Der fortbestehende Einfluss der klassischen Verbrechenslehre in Japan, in : Gunnar Duttge/Makoto Tadaki (Hrsg.), Aktuelle Entwicklungslinien des japanischen Strafrechts im 21. Jahrhundert, 2017, S. 6 ff.
7 　詳しくは、髙山佳奈子「『国民感覚』と刑事責任」棚瀬孝雄編『市民社会と責任』（有斐閣）91 頁以下で論じた。
8 　極東以外のアジア諸国からの大学院留学生との共同研究の経験については、本書の吾郷教授による論考および本書と同じく日本学術会議「グローバル化と法」分科会の研究成果である松宮孝明・新倉修・髙山佳奈子「刑事法教育におけるグローバル化への対応」学術の動向 2012 年 3 月号（2012）79 頁以下、髙山佳奈子「グローバル化社会における法学教育」山元一・横山美夏・髙山佳奈子編『グローバル化と法の変容』（2018）223 頁以下を参照。
9 　このような試みの一例として、ドイツ、日本、韓国、中国、台湾の研究者が参加して 2007 年から開催された一連のテュッセン国際シンポジウム（internationales Thyssen-Symposium）は、学術的成果のみならず、今後の国際交流の基盤となる人的ネットワークの構築をももたらした。Vgl. Harald Baum, Fünftes Internationales Thyssen-Symposium „Unternehmen im globalen Umfeld – Aufsicht, Unternehmensstrafrecht, Organhaftung und Schiedsgerichtsbarkeit in Ostasien und Deutschland", .ZjapanR Nr. 40 (2015), S. 319 ff.

国際経済法ルールの「盲点」と「慎ましい」日本法への提案

中谷和弘（東京大学教授）

1. はじめに
2. 国際経済法ルールの「盲点」としての「安全保障」と「為替操作」
   (1)「安全保障」を理由とする通商規制の法的評価
   (2)「為替操作」の法的評価
3. 「慎ましい」日本法への若干の提案
   (1) 包括的経済制裁法と対抗立法の提案
   (2) 積極的な域外適用と制裁金増額の提案
   (3) 国際高等裁判所の提案

1. はじめに

　「グローバル化」に関連する法的諸課題のうち、本稿では、限られた紙幅ゆえ、次の2点につき考察するにとどめたい。第1は、米国トランプ政権が発動した「安全保障」を理由とする通商規制、及び、米国が中国等に対してしばしば主張してきた「為替操作」の非難を、国際法上どう評価するかについて指摘する。この2つの主題は、世界経済全般に対して少なからぬインパクトを及ぼすと同時に、実は国際経済法ルールの「盲点」ともなっているものである。第2は、国際経済情勢が激動する中で、日本法は現行のままでよいのか、「慎ましい」対応のままでは不十分ではないかという観点から、包括的経済制裁法と他国の不当な域外適用に対する対抗立法、独禁法や外為法の積極的な域外適用と制裁金増額、さらに国際高等裁判所の設立について提案する。激動し、弱肉強食的な要素が色濃く

現れてきた国際経済分野においては、自国と自国民の利益を保護するとともに国際社会における「法の支配」への貢献も首尾よく行えるような法体制を構築することが不可欠である。

2. 国際経済法ルールの「盲点」としての「安全保障」と「為替操作」

(1)「安全保障」を理由とする通商規制の法的評価

　貿易の自由化のルールを規定するGATT/WTO体制の下においても「安全保障」を理由とする例外は基本的には認められている。即ち、GATT21条においては、「この協定のいかなる規定も、次のいずれかのことを定めるものと解してはならない」として、「(b) 締約国が自国の安全保障上の重大な利益の保護のために必要であると認める次のいずれかの措置（any action which it considers necessary for the protection of its essential security interests）を執ることを妨げること」として「(iii) 戦時その他の国際関係の緊急時に執る措置」を挙げる。GATS（サービス貿易一般協定）14条の2も同様である。

　安全保障を理由とする通商の規制自体は重要であり、各国ともこのセーフガードがあるから安心してGATT／WTO体制の下での自由化ルールにコミットすることができたことは否定できない。また、何が「自国の安全保障上の重大な利益の保護のために必要であると認める」措置に該当するかは発動国が基本的に自己解釈できると各国は考え、そのように運用してきた。最近のWTOの紛争処理機関の判断においても、そのような解釈が支持されている。2011年7月5日の中国のレアアース輸出規制に関するパネル判断では、傍論において、「数量制限禁止の例外のGATT 11条2項(a)（輸出の禁止又は制限で、食糧その他輸出締約国にとって不可欠の（essential）産品の危機的な不足を防止し、又は緩和するために一時的に課するもの）において何が不可欠かは援用国自身が決定できる訳ではない。もしそうであれば、同項は21条(b)と同じように起草されるべきであった」として、21条(b)は自己解釈で援用できることを認めているのである。

　国際司法裁判所（ICJ）も「ニカラグア事件」判決（1986年）においてそのよう

な自己解釈を支持している。同判決では、米国のニカラグアに対する貿易禁止措置が両国間の友好通商航海条約（FCN）21条において「自国の重大な安全保障上の利益を保護するために必要な措置」（measures necessary to protect its essential security interests）として正当化できるかという問題について、GATT21条との文言の相違（GATT21条では「必要であると認める……措置」、FCN21条では「必要な措置」）に着目し、FCN21条の解釈は発動国の自己解釈には服さず、紛争解決条項によってカバーされ、ICJが解釈する権限のある問題だとした。反対解釈から、ICJは、GATT21条は援用国の自己解釈に服すると示唆したと解せられる。

　しかしながらこのような自己解釈に限界が全くない訳ではない。国際関係において国家の行動は信義則（good faith）によって規律されており、権利の行使には一定の限界があり、これに反する行動は権利濫用として禁止されることになる。21条に基づく規制措置においてもともと念頭におかれていたのはいわゆる戦略物資の輸出規制であった。これに対して、米国が通商拡大法232条に基づき鉄鋼やアルミニウムや自動車について追加的に関税を課すことは、これらの製品の輸入が増加すると米国の産業が衰退して国家安全保障が脅かされるとの理由に基づくものであるが、①これらの製品は戦略物資ではなく通常物資である、②輸出規制ではなく輸入規制である、という二重の意味において上記とは異なっている。通常物資の輸入規制については国家安全保障との間に直接のリンク（相当因果関係）を欠くと言わざるを得ない。

　21条自体は国際社会において重要な規定であり、例えば、大量破壊兵器に転用可能な汎用品の懸念国への輸出規制を正当化する根拠規定となっている。しかしながら、同条の明確な解釈基準を示した紛争処理機関の判断も2018年段階では存在せず、解釈上の「盲点」となっていた。濫用的な解釈・援用は安全保障例外の重要性をも毀損しかねない。日本とEUの共同声明（2018年5月31日）では、1962年米国通商拡大法232条に基づき鉄鋼・アルミニウムについて追加的に課されている関税・数量割当は国家安全保障を根拠に正当化されるものではないとし、深刻な懸念を共有した。もっとも、国家安全保障を理由にした先進国による輸入規制措置は米国の独占物ではなく、例えば、古くは1975年にスウェー

デンが履物の輸入割当措置を国内生産の減少が安全保障上の脅威になるとして正当化したことがある。この事案では他のGATT締約国からの批判を受けてスウェーデンは1977年に措置を終了した。

　なお、以上の文章を執筆後に接した2019年4月5日のWTOパネル報告（ウクライナ対ロシア、通過中の輸送に関する措置事案、DS512）では、ロシアによるウクライナに対する安全保障を理由とする通商規制措置につき、GATT 21条（b）(iii) は援用国の自己判断に服するものではなく、パネルは管轄権を有するとして実体判断をした結果、ロシアの措置はGATT 21条（b）(iii) に要件を満たす旨判断した。特に注目されるのは、安全保障上の利益に何が該当するかを定義することは一般的には各国に委ねられているとしつつも、この裁量は条約を誠実に解釈・適用する義務によって制限される、加盟国はGATT上の義務を免れる手段として21条の例外を援用してはならないと指摘して、信義則によって安全保障に基づく通商規制措置の外縁が規律されるとの立場をとっていることである。21条の解釈についての一般論を指摘した上記の点については異論はないが、クリミア併合という重大かつ明白な国際法違反を犯したロシアが安全保障を根拠とした21条を援用することを容認した点には疑義がある。ロシアの21条援用は権利濫用に他ならず、信義則に反するため許容されない。そのように解することがclean handsの法理にも合致する。

(2)「為替操作」の法的評価

　米国はしばしば中国が為替操作をして人民元安により貿易で不当な利益を得ているとして非難してきた。Peterson Institute for International EconomicsのJoseph Gagnonが2017年に示したチャートでは、中国等による為替操作は2000年代の貿易不均衡の主要な原因であったとし、米国は2007年の貿易収支は7190億ドルの赤字であったが、中国等による為替操作がなければ4560億ドルの赤字で済んだ（為替操作が赤字幅を2630億ドル拡大した）、中国は同年の貿易収支は3530億ドルの黒字であったが、為替操作をしなければ220億ドルの黒字にとどまった（為替操作が黒字幅を3110億ドル拡大した）と指摘する。

為替レートが貿易収支に大きな影響を与えることは事実であり、また1930年代における為替レート切り下げ競争に基づく近隣窮乏化政策が世界経済を悪化させたという事実もある。他方、この重要な問題は国際法の問題としては看過されてきた。第一義的な管轄を有する国際通貨基金（IMF）はこの問題に積極的に取り組むことはなく、他方、WTOのルールがどう解釈・適用されるかは明確ではない。

　為替操作問題を国際法の問題として考える時、出発点となるのは通貨主権である。国家主権の一側面である通貨主権は、その態様として、①通貨を発行する権利、②自国通貨の価値を決定・変更する権利、③自国領域内で自国通貨又は他国通貨の使用を規制する権利を含む。為替操作は②に該当し、一般国際法上は国家は基本的に自国の為替レートを決定できる。それゆえ本問題は、IMF協定やWTO諸協定において為替レートの人為的変更が（どの程度）制約されるかという問題としてとらえられることになる。

　IMF協定4条では、加盟国の一般的義務の1つとして、「(iii) 国際収支の効果的な調整を妨げるため又は他の加盟国に対し不公正な競争上の優位を得るために為替相場又は国際通貨制度を操作することを回避すること」が挙げられている。この条項の解釈につき、IMF法務部は2006年に、本条項の違反が認定されるのは、実効的な国際収支の均衡を阻止する「目的のために」自国の為替レートを操作したとして「意図」が認定される場合に限定されるとした。「意図」の認定は容易ではなく、本条項の違反が認定された例はない。また、4条の違反に対してはIMF協定26条2項において利用資格の喪失と強制的脱退が予定されているものの、中国のような大国に対しては遵守を促す効果は弱い。近年のG20首脳会議やG20財務大臣・中央銀行総裁会議の声明では、「我々は、通貨の競争的な切り下げを回避する。我々は、競争力のために為替レートを目的とはせず、あらゆる形態の保護主義に対抗し、我々の開かれた市場を維持する」という文言が見られ、それ自体は非常に重要はあるが、非拘束的合意（ソフトロー）であることに加えて、行動を規律する基準も極めて大まかである。

　他方、WTO諸協定も為替操作問題に首尾よく対処できていない。GATT15

条4項は、「締約国は、為替上の措置によってこの協定の規定の趣旨を没却してはならず、また、貿易上の措置によって国際通貨基金協定の規定の趣旨を没却してはならない」と規定する所からも、為替操作問題につき主導的な役割を果たすのは WTO ではなく IMF であることが伺われる。また、補助金協定との関係では、同協定2条では「特定性」を有する補助金が規律対象となると規定するが、為替操作は経済全体に影響を及ぼすため「特定性」の要件を満たさない（それゆえ為替操作を補助金協定違反だとすることは困難である）との解釈が一般的である。

2018年9月に合意された米国・メキシコ・カナダ協定（USMCA）では、「1. 各締約国は、IMF協定の下で、実効的な国際収支の調整を妨げたり不公正な競争上の優位を得るために為替レート又は国際通貨システムを操作することを避けることが義務づけられることを確認する。2. 各締約国は次のことを行わなければならない（should）。(a) 市場決定の為替レート体制を達成し維持すること、(b) 競争的な切り下げ（外国為替市場における介入によるものを含む）を慎むこと、(c) マクロ経済及び為替レートの安定性のための条件を強める経済のファンダメンタルズを強化すること。3. 各締約国は、他の締約国の通貨に関連して介入がなされた場合には、必要に応じて迅速に他の締約国に知らせなければならない（should）」と規定する為替条項をおいている。この規定は should という表現振りからも伺えるように法的拘束力を有さず、また報復関税には言及していないが、為替政策に対する牽制効果を有するものである。米国財務長官は日米が交渉開始で合意した日米物品貿易協定に為替条項を求める考えを表明し、USMCAの上記の条項がモデルになるとした。日本としては、量的緩和（QE）政策が為替操作と誤解されることのないよう丁寧に説明するとともに、IMFが首尾よくこの問題に対処できるように支援することが重要である。

3. 「慎ましい」日本法への若干の提案

(1) 包括的経済制裁法と対抗立法の提案

他国の国際法違反や国際的に望ましくない行為への反応として、外交上の措

置（自国外交官の召喚、相手国外交官の追放、自国大使館の閉鎖、相手国大使館の閉鎖命令等）であれば、国家の裁量として発動できる（法令上の根拠は外務省設置法だけで十分である）のに対して、経済的措置の場合には国民の経済生活にも影響する以上、法令上の根拠を要する（1990年のイラクによるクウェート侵攻の当初は、国内にあるクウェートの金融資産の凍結措置の根拠となる国内法令が存在しなかったため、大蔵省が全国銀行協会に行政指導で対応したこともあった）。

国連安保理決議に基づく非軍事的強制措置（経済制裁措置）の中には各加盟国にとって実施が義務的になるものもあり、また、国連安保理決議に基づかなくても国際法違反に対しては対抗措置としての一定の要件を満たせば国家は経済制裁措置をとることができる。

日本では、経済制裁措置の発動根拠となる国内法は、貿易・投資・金融取引については外為法であるが、外為法でカバーされない分野については各業法（例えば、航空輸送については航空法、外国船舶入港については港湾法及び特定船舶入港禁止特別措置法）であり、その意味でパッチワーク的な対処をしている。外為法は以前には経済制裁措置（特に国連安保理決議に基づかない一方的措置）の発動根拠として不備もあったが、今日ではほぼ解決されたといえる。問題は、外為法でカバーされない分野についてである。全経済分野が業法により経済制裁のための対応できている訳では全くないし、今後ますます重要となるサービス貿易については、業法自体が未整備の業種も少なくないと思われる（また、安保理決議により船舶や航空機の没収が義務づけられた場合、これを実施する国内法上の根拠は、依然、欠いている）。国連安保理決議に基づく拘束力ある決定（将来、新規のサービス貿易にも及ぶことは十分想定される）を遵守して非軍事的強制措置を実施することは国際法上の義務であり、法の支配を重要視する日本としては最優先で実施することが求められるし、また国内法の不備を理由として国際法上の義務を免れることはできない。また、経済制裁措置に伴い企業取引が不可能となった場合には債務不履行責任を負わないかという問題についても、裁判所の判断に完全に委ねるのではなく、免責の旨を成文法において明示的に規定しておくことは、当事者が安心して政府の方針に従って経済制裁に協力する上で極めて重要である。

米国は 1945 年の国連参加法（United Nations Participation Act）、英国は 1946 年の国連法（United Nations Act）において、安保理決議に基づく経済制裁措置の国内的履行を包括的に担保している。さらに、とりわけ参考になるのがシンガポールが 2001 年に制定した国連法（United Nations Act）である。同法では、安保理が非軍事的強制措置の適用を求めた場合には、政府は当該措置を実施できるようにするためあらゆる規制を行うことができると規定する（2 条 1 項）とともに、同法に基づき契約の履行をしない者に対しては、いかなる訴訟からも免除される（3 条 1 項）と規定し、さらに、いかなる者も同法に基づく義務の誠実な履行に関して責任を問われることはないと規定する（4 条）。経済制裁措置の効果的な実施には私人（とりわけ企業）の協力が不可欠である。本法は、私人が訴訟のリスクを危惧することなく安心して措置をとれることを保証するものであり、賢明な立法である。

安保理決議に基づく拘束的な非軍事的強制措置はもとより、安保理の勧告に基づく経済制裁措置の場合や場合により日本の独自の判断として経済制裁措置を発動する場合も含める形で、当該措置に国内法上の根拠を付与するとともに、措置を実施する私人の免責を保証する条項を含む包括的経済制裁法を制定することを提案したい。同法は、必要な経済制裁措置を迅速に発動できる体制を整えることにより、国際社会における法の支配の確立のために資するものである。

もう 1 つの提言は、過剰な域外適用といった国際法違反への対応としての対抗立法の提言である。米国がイラン核合意から離脱して経済制裁措置（イランと取引をする第三国企業にも制裁措置を課す域外適用を含む）を発動することに対抗して、EU は 2018 年 8 月 7 日、いわゆるブロッキング規制と呼ばれる対抗立法（委員会実施規則 2018/1101）を発動するとした。元々は、米国が 1996 年にイラン・リビア制裁法（ダマト法）に基づき対イラン・リビア経済制裁の域外適用を発動したこと等に対して、同年 11 月 22 日に欧州理事会規則 2271/96 として発動され、①ダマト法等に効果を与える欧州域外の裁判所の判決や行政機関の決定は、承認・執行してはならない（4 条）。②欧州域内で設立された企業は、直接に又は子会社等を通じて、ダマト法等に従ってはならない。但し、この不遵守が重大な

損害を当該企業又は EC に生じさせる場合には、所定の手続に従って米国法に従うことが一定の範囲で認められる（5 条、外国政府強制の抗弁を企業に認めるものである）。③当該欧州企業には EU 加盟国の裁判所での損害賠償請求と訴訟費用の回復が認められる（6 条、clawback 規定と呼ばれる）ことを内容とするものであった。今回のブロッキング規制は、この 5 条の適用条件を詳細に定めるものである。

　米国の過剰な域外適用に対する対抗立法は、1982 年のシベリア・パイプライン事件（米国は米国企業の在外子会社によって製造された石油・ガス装置や米国の技術データを用いて外国で製造された石油・ガス輸送装置のソ連への輸出・再輸出を禁止した）において英国及びフランスが発動した。英国は貿易利益保護法（1980 年）を適用し、英国内でビジネスを行う者に対しては、英国の貿易上の利益に損害を与える恐れのある外国法の域外適用に従うことを罰則をもって禁止した。フランスは、関係する自国企業に契約を履行させる旨の声明を発し、戦時国家組織法（1938 年）に基づきフランス企業にコンプレッサーの引渡を命令した。

　過剰で不合理な域外適用に対しては、単に「国際法違反である」と外交上の抗議をするにとどまらず、自国民（とりわけ自国企業）を積極的に守ることが国家の重要な任務であることに鑑みると、対抗立法を整備しておくことは不可欠であると考えられる。なお、日本でも、海運や不当廉売といった限定された分野においてではあるが、対抗立法が制定されたことはある。

(2) 積極的な域外適用と制裁金増額の提案

　独占禁止法や輸出管理法といった公法の域外適用は、外国との摩擦を生じることもあるが、自国の国益を守るために必要な場合ある。日本はこれらの公法の域外適用には一般には慎重であったが、2017 年 12 月 12 日の最高裁判決では、「独禁法は、国外で行われた行為についての適用の有無及び範囲に関する具体的な定めを置いていないが、同法が、公正かつ自由な競争を促進することなどにより、一般消費者の利益を確保するとともに、国民経済の民主的で健全な発達を促進することを目的としていること（1 条）等に鑑みると、国外で合意されたカルテルであっても、それが我が国の自由競争経済秩序を侵害する場合には、同法の

排除措置命令及び課徴金納付命令に関する規定の適用を認めていると解するのが相当である。したがって、公正取引委員会は、同法所定の要件を満たすときは、当該カルテルを行った事業者等に対し、上記各命令を発することができるものというべきである」として、独禁法の域外適用を認める旨の判断を示している。これが米国最高裁及び欧州司法裁判所において競争法の域外適用の根拠とされた効果主義を示しているのはどうかは明確ではないが、欧米同様に、国外におけるカルテル行為であっても日本の市場に悪影響を及ぼすおそれのある場合には積極的に独禁法を域外適用することが、日本の市場を守るために必要である。さらに、輸出管理法の域外適用についても、(1)でみた他国との不用意な摩擦を引き起こさない程度においてであれば、検討すべきであろう（とりわけ、日本企業の在外子会社・支店の所在地国が安保理決議に基づく非軍事的強制措置を真剣に履行しない場合には、日本の外為法の域外適用をすることが、安保理の決定に基づく義務をきちんと履行するという意味で国際貢献となることに留意すべきである）。

　独占禁止法や外為法をめぐる別の問題は、違反に対する制裁金（課徴金、罰金）の金額が欧米と比べて一般にはるかに少額であるということである。例えば、公正取引委員会による独禁法違反を理由とした制裁金の最高額は 2014 年 3 月に日本郵船に対して命令した 131 億円であるのに対して、欧州委員会は 2018 年 7 月にグーグルに対して EU 独禁法違反を理由として 5700 億円の制裁金を命令した。また、外為法違反の罰金額については法人につき最高額を 10 億円とする重科制度が 2017 年に創設された。重要な進展ではあるが、なお少額であると言わざるを得ない（米国の北朝鮮及びイランに対する経済制裁に違反したとして中国企業 ZTE は罰金 10 億ドルを支払うことで 2018 年 6 月に米国政府と合意した）。

　制裁金の額が少額であると、法違反に対する disincentive としておよそ作用しないどころか、外為法については特に安全保障輸出管理につき、「密輸をするならば罰金の軽微な日本で行おう」というとんでもない incentive を与えることになりかねない。そうなってしまったら、国際社会における「法の支配」に貢献するという政府の基本方針に逆行することになってしまいかねない。それゆえ、国際的な観点から制裁金の額を至急見直すことが必至である。

独禁法については、GAFAのような世界的大企業が関与するカルテル行動や企業合併・買収には、米国とEUの独禁当局の双方の許可が事実上、必要とされ、近い将来には中国の独禁当局がこれに加わるものと思われる。日本の公正取引委員会には、積極的に独占禁止法の域外適用を行い、また制裁金の額を大幅に引き上げることで影響力を発揮することが、日本の国益に資するために求められる。

(3) 国際高等裁判所の提案

　グローバル化が一層進行する今後の日本社会においては、訴訟において国際・渉外事案が増加することは必至であると思われる。その中には、従来登場しなかった新たな類型・主題に関わる事案や複雑な事案も少なからず含まれることが予想される。通常の事案を多数かかえて多忙を極める裁判官がこういった新奇・複雑な国際・渉外事案に首尾よく対応できる保証はなく、裁判官にとってこれらの案件につき最善の処理を期待することは酷でさえある。このような将来を見越して、ここでは、国際高等裁判所（国際高裁）の設立を提案したい。

　日本では、特別のカテゴリーの事案に対応した裁判所として既に知的財産高等裁判所（知財高裁）が2005年に設立されているため、国際・渉外事件に特化した高裁支部の設立自体は奇異なものでもなく、制度上も不可能ではなかろう。国際高裁にどのような事案を振り分けるかの制度設計はいろいろと考えられるが、一応の目安としては、渉外民事事件の他、国外を主たる行為地とする事案、条約や慣習国際法の解釈・適用に関連する事案が想定でき、民事事件のみならず刑事事件や行政事件も対象となりうる。また、控訴がなされた場合に事件を担当した地裁判事や訴訟当事者から国際高裁への付託を要請し、国際高裁自身が受け入れるかどうかを判断することも想定できる。

　国内裁判所の判決は、いうまでもなく国家機関の行為であり、国際法上の評価に服するものである。国際法違反の内容を含む判決は、それが下級審の判決であっても、当該国の国際法違反となってしまう。国連国際法委員会「国家責任条文」(2001年) 4条1項では、「いかなる国の機関の行為も、当該機関が立法、行政、司法その他のいずれの任務を遂行するものであるか、国の組織の中でいか

なる地位を占めるものであるか……を問わず、国際法上当該国の行為とみなされる」と規定する。それゆえ、裁判官は、自らの下す判決が国際法違反にならないよう細心の注意を払う必要があるが、グローバル化の進行とともに複雑化する国際・渉外事案が増加し、国際法や国際私法に関する高度の専門知識が要求されるため、知財同様に専門裁判所を設立して対応する方が、国際的に信頼できる適切な判決を期待できよう。

参考文献
中谷和弘『ロースクール国際法読本』（信山社、2013 年）第 2 講（国家安全保障に基づく外資規制及び貿易規制）、第 8 講（経済制裁と国際法）
中谷和弘「ロシアのクリミア編入と国際法」『論究ジュリスト 2014 年春号』130-136 頁
中谷和弘「為替操作と国際法」岩沢雄司他編『国際法のダイナミズム（小寺彰先生追悼論文集）』（有斐閣、2019 年）603-624 頁
Joseph E. Gagnon, Manipulation was the Leading Cause of Record Trade Imbalances in 2000s, https://piie.com/research/piie-charts/currency-manipulation-was-leading-cause-record-trade-imbalances-2000s

グローバル化を手がかりとした
アイヌ政策推進に向けたアピール
―北海道ウタリ協会理事長・野村義一の国際活動に焦点を当てて―

角田猛之 (関西大学教授)

1. はじめに―アイヌをめぐる2つのグローバル化
2. 野村義一の国連先住民作業部会での活動
3. 国際先住民年と北海道ウタリ協会の国際活動
   ―野村義一の国連総会記念講演
   (1) 協会にとっての国際先住民年の意義―アイヌ新法の推進
   (2) 野村義一の国際先住民年記念講演―新たなパートナーシップの確立
      (ⅰ) 記念講演の意義―「アイヌの歴史にとって記念すべき日」
      (ⅱ) 講演のポイント―新たなパートナーシップとグローバルな普遍的価値

1. はじめに―アイヌをめぐる2つのグローバル化

　政府は2019年2月15日に、アイヌ政策推進会議（座長・菅義偉内閣官房長官）の検討にもとづき、アイヌ民族を先住民族と明記する法案を閣議決定した。1997年の「アイヌ文化振興法」（以下、振興法と略記）では、アイヌの民族性は認めた（「民族としての誇り」）ものの、先住民族とは認定していないなかで――2008年7月7日開会のいわゆる「洞爺湖サミット」（第34回主要国首脳会議）を目前に控えた同年6月6日に――「アイヌ民族を先住民族とすることを求める決議」が衆参両院での全会一致でなされた。しかし、それ以後さらに約10年にわたり、この決議に沿った立法措置がとられていなかったところ、今回初めて先住民族であることが法律上明記されるにいたったのである[1]。

　本稿では、1997年以来のこのような約10年ごとの文字通りステップ・バイ・

ステップのアイヌ政策をめぐる動向を、さらに約 10 年さかのぼって、1980 年代半ばから 1990 年代に時期を限定した上で、北海道ウタリ協会の元理事長・野村義一（1914-2008 年：1964-1996 年理事長在任）の国際＝国連活動に対象をしぼって検討する。この時期は、野村を中心とする協会のさまざまな国際活動を通じて、世界の先住民族に伍して、アイヌ民族も日本の先住民族であるという意識がアイヌの人びとに芽生えてきた第 1 期と位置づけることができる。

　野村は、そして彼が 32 年間主導した協会は、国連を舞台とした世界の先住民族の権利回復運動——たとえば、アメリカインディアンやマオリ、サーミ——にならって、国連を中心とした国際活動に積極的にコミットすることを通じて、自らのグローバル化を推し進めていった（運動の主体としてのアイヌ自身のグローバル化）。そしてさらに、アイヌ問題＝〈ウタリ福祉対策としての国内問題〉という従来の把握に、〈国際問題としてのアイヌ民族問題〉という視点をも加味して、グローバルな視点に立って権利回復運動を展開し、政府に新たなアイヌ政策の推進を求めたのである（運動の客体としてのアイヌ問題・政策のグローバル化）。ただし、明治以降同化がすすみ、かつアイヌ人口もきわめて少ない——2013 年の北海道庁調査では北海道在住のアイヌは 16,786 人（ただし北海道外の在住者を含めて実数はさらに多いといわれている。ちなみに 2018 年現在のニュージーランドの総人口約 487 万人中、先住民族マオリは約 15 パーセントを占めている）——なかで、当時、アイヌ問題を国民世論にアピールすることは非常に困難な状況にあり、そして現在においても同様である。

　そのようななか、以下の 2. で概観するように、野村義一らがアイヌ民族代表として国連の先住民作業部会（1982 年に国連人権委員会の下部組織の一つとして設立：以下、作業部会と略記）に 1987 年以来継続して参加し、わが国のアイヌ民族の現状とその問題を国際社会にアピールすることによって、政府がそれまで以上にアイヌ問題に注目せざるをえない状況をつくりだしていったのである。そして、近代化を時期的出発点、また内容的な原点とする当時の、かつ現在に通じるアイヌ問題において、上で言及した第 1 期以降の主要なアクター——たとえば、1994 年から 98 年にかけてアイヌ民族初の国会議員を務め、振興法制定に多大の貢献をな

した萱野茂（1926-2006年）や2004年以来協会理事長を務めている加藤忠、その他——の長年にわたる尽力により、アイヌ民族を先住民族と明記した2019年の新たな法律を勝ち取ったといえる[2]。

そこで以下、本稿をさらに2節に分節して、アイヌ問題をめぐるこのような2つのグローバル化のうち、主として運動主体としてのアイヌ自身のグローバル化を、野村義一の国際活動に焦点を当てて検討する。

2. 野村義一の国連先住民作業部会での活動

1946年に設立された社団法人・北海道アイヌ協会は、戦後の混乱期の活動停止期を経て1961年に——「アイヌ」という名称がはらむ差別的含意ゆえに北海道「ウタリ」協会（ウタリ＝仲間・同胞）と変更し、さらに2008年の国会決議を受けて翌年北海道アイヌ協会に再度変更し、現在に至る——活動を再開した（両時期を合わせて協会と略記）。そして、1963年から機関紙「先駆者の集い」（以下、「集い」と略記）の刊行を開始し、翌年野村義一を理事長に選出した。

協会が2016年に刊行した『アイヌ民族の概説—北海道アイヌ協会活動を含め—』での、詳細な年表形式の「アイヌ民族の歴史（概要）」（以下、「歴史」と略記）で、1985年に「国連作業部会『先住民族の権利に関する国連宣言』[以下、国連宣言と略記]の起草作業を開始」として、作業部会の動向にはじめて言及している。それに続いて、「1987年8月、アイヌ民族代表が初めてスイス・ジュネーブでの第5回国連先住民作業部会に参加し、アイヌ民族問題について発言した。アイヌ民族代表は、以来国連関連会議に継続参加」と記している。また同年11月の「集い」第45号の表紙で、「国連先住民会議初参加」との見出しの下、「アイヌ民族問題を自らの力によって、国連先住民会議（作業部会）で訴える。目ざせ真の国際日本‼」と報じている。

上の「歴史」での記述と「集い」での簡潔な記事からつぎの2点を読み取ることができるだろう。すなわち、協会がアイヌ問題をグローバルな文脈に位置づけはじめていること。そしてその上で、国連での主体的活動をも通じて、1984年に

協会総会で決議した「アイヌ新法（案）」の立法化を勝ちとり、より強力なアイヌ政策の推進を国や北海道庁に求めていこうとする強い決意、である。この2点と関連することがらを、大黒正伸はつぎのように指摘している。「国際社会で各国の先住民族が活発に活動を始めた……1980年代から、協会本部もまた、国際法と国際世論など海外の動きをテコにして、日本政府に対する働きかけを続けている。当初の焦点は2つあった。ひとつは国連関係で、『国際先住民年』……もうひとつは国内で、『アイヌ新法』の制定。」[3]

また、上の「歴史」の記述で「アイヌ民族問題について発言した」とあるのは、作業部会での野村のつぎの理事長メッセージをさしている。「皆さんにアイヌ民族が日本政府に抗議している『日本単一民族国家論』についてこの会議の席をお借りして発表し、アイヌ民族が日本国の先住民であることを、国際社会に訴えたいと思います。」（「集い」第45号）ここでいう「日本単一民族国家論」とは、国内外に大きな物議を醸した中曽根康弘の1986年の発言、すなわち、アメリカは多民族国家ゆえに教育などで行き届かないところがある、したがって知的水準が低いが、日本は単一民族ゆえに行き届きやすい、という趣旨の発言である。また、萱野茂と共同で二風谷ダム裁判を提起した、元協会副理事長貝澤正（1912-1992年）はこの中曽根発言を「露呈した日本人のアイヌ観」と評している[4]。

上のメッセージで野村は、中曽根発言を契機に作業部会に参加するようになったとしている。またあるローカル紙に掲載された短文でつぎのようにのべている。「アイヌ問題はこの十数年の間に、ずいぶん変わりました。一九八六年、中曽根さんの……発言が、世界中のもの笑いになった。このことにわれわれアイヌ民族が反発して、国連の先住民会議に出席した。このことが、世界の人にアイヌ民族を知ってもらう非常にいい機会になった。……私だけでジュネーブに十一回行きました。これがよかった。北海道のアイヌが、世界から認められたのです。」[5]

ただし、野村らが作業部会に参加しはじめた直接の契機は少なくとももう一つあった。それは、作業部会出席の際に通訳として同行した手島武雅と、市民外交センター（1982年設立、1999年に国連経済社会理事会NGO資格取得）代表の上村英明による、作業部会への協会代表派遣の強力な勧めであった。その間の事

情がつぎのようにのべられている。「［1985 年に］上村英明と手島とが会い、手島は『なぜ、アイヌ民族は……作業部会に代表を送らないのか』と上村に疑問を投げかけた。……一九八六年……に［以下で参照する］手島の論文［が公刊され］……上村は、論文のコピーと手紙［を野村に］……郵送した。……［同年］……『単一民族国家発言』への抗議で東京入りした野村と会い、『国内のプロセスでは限界が見えているので、国際会議の場で訴えるのが有効である』と国連の会議について野村に説明し［通訳と旅費などについて市民外交センターがサポートすることを話し］た。」[6]

上で言及されている論文の「結び」で手島はつぎのように指摘している。「［世界の］先住民族は、国内を中心とした戦いに見切りをつけ、国際レベルでの連帯を強化し、国際組織による圧力をもって、各国政府の政策変更を勝ちとろうとしている。……私［が権利宣言の草案検討を開始した 1985 年の第 3 回作業部会に参加した際］……議場にアイヌ人の姿がなかったことに驚いた。日本政府は［日本には先住民族、したがって先住民族問題は存在しないという立場ゆえに］……代表を送っていない。……しかし、もし、アイヌ人の代表が、会議に出席すれば、［政府はより真剣に取り組むだろう。］……アイヌ民族が、国連先住民会議を、自らの解放運動の一つの手段として、真剣に考慮されることを願って本稿を結びたい。」[7]

1970 年代から国や北海道庁のウタリ福祉対策がはじまっていた。しかしそれは、「『ウタリ福祉対策』というよりもはじめから［アイヌの「和人化政策」と結びついた］ただの公共事業」であり、一般国民も利益――たとえば道路整備――にあずかりうる福祉対策ゆえに[8]、真のアイヌ民族対策にはならないという限界性、したがって上記第 1 期以前の運動のあり方の限界に、野村自身も協会リーダーとして悩んでいたのである。協会がおかれていたこのような閉塞状況を背景にして、上村と手島の強力なあと押しを踏まえて、野村、そして協会は――「国連機構の中で初めて、国連との協議資格を持たない NGO や先住民族組織の代表に参加が認められ……、先住民族も各国政府もオブザーバー資格しか与えられておらず対等の地位に置かれた」[9]――作業部会への出席を決断したのである。初参加の様子の一端を野村はつぎのようにのべている。「私はアイヌの衣装を着て、開口一番『日

本の総理大臣は、日本は単一民族だというけれども、今、現に北海道にはアイヌ民族［そして、日本には朝鮮民族や琉球民族の子孫が］……いるではないですか。』ということをいったんです。」[10] そして手島の予測通り、協会代表が出席しはじめた 1987 年の第 5 回作業部会から、日本の大使館と外務省の代表も出席しはじめている。また野村は、日本政府代表が作業部会で、ウタリ対策として 1974 年以来 309 億円の予算を投入してきたことを披瀝したことに関連して、「内容とその使われ方を別にして［多額の予算計上を］自慢していました」、と批判的に言及している。[11]

3. 国際先住民年と北海道ウタリ協会の国際活動——野村義一の国連総会記念講演

(1) 協会にとっての国際先住民年の意義——アイヌ新法の推進

　第二次世界大戦後、とりわけ 1960 年代以降、世界の先住民族の運動と、それに呼応するさまざまな国の対応や国際機関での先住民族支援の動きがすすんだ。なかでも 1990 年前後から、国連や国際機関、NGO などの動向が各国の先住民族政策に影響を与えるようになっていった。そのような国際社会の動向は、グローバル化の潮流のなかで当然にわが国、したがってアイヌ民族にもおよんでいる。

　2. で概観した作業部会での活動の延長線上で、その後の協会活動の大きな画期をなすのが、つぎのような一連のグローバルな動きである。すなわち、1993 年を「世界の先住民のための国際年」（以下、国際年と略記）とする国連決議（1990 年）、そしてそれと連動した、1992 年に国連総会で開催された国際年開幕式典での野村講演と、国際年を記念する協会のさまざまな活動——たとえば、多くの先住民を招待し、平取町をあげて開催した「二風谷フォーラム '93」（於、北海道沙流郡平取町二風谷）[12]——および 1995 年にスタートした「先住民の国際 10 年」をめぐる国内外の動き、などである。

　「集い」第 56 号（1991 年）の表紙で、「国際年の指針の一つとしては……世界の先住民が直面している諸問題の解決のために、国際協力を推進することを目

的としており、我々ウタリ協会もこれを『アイヌ新法』の早期制定に向けての足掛かりとしていきたいと思います。」と、協会、そしてアイヌ民族にとっての国際年の意義を指摘している。また1993年の「集い」第60号の表紙でも、「本年は国際先住民年であり……この時に当たり、［協会でもさまざまな活動を行っていくが］……その一つとして［室蘭で約150名、札幌で海外の先住民を含め約350名の参加を得て］……総決起集会を開催」したと指摘している。さらに、1992年のノーベル平和賞受賞者で先住民年国連親善大使のリゴベルタ・メンチュウ・トゥム（Rigoberta Menchú Tum）を迎えて、新法制定に関する集会を東京で開催している。

　すなわち、以上の国内外の動向を総括するならば、世界の先住民族の権利回復への追い風となりうる国際年を、野村、そして協会が、当時の最大の課題である、先住民族としての承認を前提としたアイヌ新法制定への重要な契機ととらえ、さまざまな活動を展開した、といえるであろう。

(2) 国連総会での野村義一の国際先住民年記念講演―新たなパートナーシップの確立

(i) 記念講演の意義―「アイヌの歴史にとって記念すべき日」

　「歴史」は野村講演について、「［招待された18名の先住民の一人として］理事長野村義一がアイヌ民族を代表して記念演説をした」と記している。そして野村はその経緯と意義をつぎのようにのべている。「市民外交センターが推薦してくれたんです。……［同センターは］先住民会議の［参加費用を補助する任意］基金に、毎年お金を拠出していて、その貢献度も買われたのではないかと思います。それからやはり［1987年以来］毎年参加していたこともあったでしょう。」意義について。「［政府はアイヌを］『先住民族』［と認めていないが］……国連が先住民族の一員として、私を国連本部に呼んで演説させてくれて認めてくれた……これはアイヌの歴史にとって記念すべき日だ……」。[13] また、元国連大学副学長の武者小路公秀は、二風谷フォーラム'93での特別講演で「［日本を含め］世界中の国の代表が……［1993年を先住民年として認めた。］……そしてその認めた席で……野村さんが世界の先住民族を代表してお話になったということは画期的なこと」だとのべている。[14]

グローバル化を手がかりとしたアイヌ政策推進に向けたアピール　57

（ii）講演のポイント―新たなパートナーシップとグローバルな普遍的価値

　与えられた 8 分間の講演は、(a)アイヌ民族代表として野村が講演を行なうことの意義；(b) 19 世紀以降のアイヌ民族への収奪と同化、差別の歴史；(c) アイヌと日本および各国政府との新たなパートナーシップの締結提案とその意義；そして最後に、(d) 先住民族の権利に関する国際基準の確立、アジアの先住民族の権利状況の監視機関の設立、自然との共存・平和的話し合いを原則とする民族自決の承認、などの国連への要請、そして冷戦後の新たな国際秩序のなかでの新たなパートナーシップの重要性、の 4 部で構成されている（壇上での野村の写真を付して「国連総会記念演説」として、協会ホームページに全文が掲載されている https://www.ainu-assn.or.jp/united/speech.html：また「集い」第 58 号でも、表紙において 3 列組みで「『国際先住民年』の［改行］開幕式で演説［改行］――アイヌ民族の存在をアピール」という見出しで協会ホームページと同じ写真を付して全文を掲載している）。

　そして上の (b) と (c) を、「しかし、私が今日ここに来たのは、過去のことを長々と言い募るためではありません。」との一文でつなぎ、未来志向のスタンスに立っていることを明言している。その上で、「アイヌ民族は、先住民の国際年の精神にのっとり、日本政府および加盟各国に対し、先住民族との間に『新しいパートナーシップ』を結ぶよう求めます。……私たちは、これからの日本における強力なパートナーとして、日本政府を私たちとの話し合いのテーブルにお招きしたいのです。」とのべている。

　ここで言及されている「国際年の精神」を具体化する項目は、たとえば「世界の先住民の国際年――先住民：新たなパートナーシップ」(国連人権センター刊行 http://www.unic.or.jp/files/print_archive/pdf/world_conference/world_conference_8.pdf) で掲げられているが、そこではさらに、「新たなパートナーシップは公正で、相互の尊重と理解に基づいたもの」でなければならないとされている。これはまさにこのパートナーシップが、対等な当事者間での自由な意思表示により設定されねばならないことを意味している。それはまた、視点を変えれば、国連宣言の根底を支える、集団としての先住民族の平等性、独立性そして法主体性の承認を前提としているのである。ただし、これらの平等性・独立性・法主体性は、国連宣言

第46条が明確に規定し、また野村も講演で――「私たち先住民族が行おうとする『民族自決権』の要求は、国家が懸念する『国民的統一』と『領土の保全』を脅かすものでは決して［なく,］……『自然との共存および話し合いによる平和』を基本原則」とすると――明言しているように、あくまでも国家主権の枠組み内でのものである。そして、そのような枠組みを前提とした権利の回復は、「国連…加盟国が、歴史の過程で排除し、無視してきた先住民族という異質な国際関係の当事者を、既存の国際システムのパラダイムを自ら改めて、新たなシステムの中に対等な当事者として迎え入れること」[15]、すなわち「公正で、相互の尊重と理解に基づいた」新たなパートナーシップを確立することによってはじめて可能となるのである。

　そしてさらに、(b) での野村のつぎの指摘は注目に値する。［アイヌ・政府間の新たなパートナーシップは］決して日本国内の問題……［に限らない］。海外においても、日本企業の活動や日本政府の対外援助が各地の先住民族の生活に深刻な影響を及ぼしています。これは、日本国内における先住民族に対する彼等の無関心と無関係ではありません。」また、二風谷フォーラム'93 での報告でつぎのように指摘している。「［野村らが作業部会に行くと］世界の人々は決まって、『日本はいま世界の［先住民族の生活、伝統、文化の基盤たる］自然を破壊しながらお金をどっさりもうけて経済大国になっているよ』と言っているんです。……金もうけのために世界の自然をどんどん破壊しながら［経済大国になっているが］……人権に関しては世界の劣等生だと、世界の人からそう言われている」、と[16]。ここで野村が指摘しているように先住民族の伝統的領域内や周辺での石油、ガスなどの採取産業、その他の開発プロジェクトにより、世界中の先住民族が深刻な被害、特に環境破壊とそれにともなう健康被害、ひいては伝統的なコミュニティの存在をも脅かされている。そのことは、たとえば先住民族に関する国連特別報告者が、さまざまな地域の先住民族に関する報告書でくり返し表明しているところである[17]。

　そしてさらに、アジアの先住民族の代表として野村が、権利保護の伝統が弱いアジア地域の先住民族の立場から、国連に対してつぎのように要請していることはきわめて重要である。「アイヌ民族は、国連が先住民族の権利状況を監視する

国際機関を一日も早く確立し、その運営のために各国が積極的な財政措置を講じるよう要請いたします。」野村のこの発言と同趣旨のことを、ジェイムズ・アナヤ (James Anaya) は、たとえばアジアの先住民族に関する国連特別報告の第 15 パラグラフで、二風谷ダムにも言及しつつ、つぎのように指摘している。「［アジア地域での大規模開発］プロジェクトに伴う諸活動は、当該地域に居住する先住民族の土地、領域および資源に対する権利の確保にとって重大にして由々しき挑戦であ［る］。……権利の侵害がエスカレートしていくという事態は、鉱山業やダム建設、二風谷ダム［などにおいて］……先住民族との適切かつ有効な協議と監視手続きが存在しないこととも連動している。」[18]

そして最後に、野村はつぎのことばで講演を結んでいる。「冷戦が終わり、新しい国際秩序が模索されている時代に、先住民族と非先住民族の間の『新しいパートナーシップ』は、時代の要請に応え、国際社会に大いに貢献することでしょう。この人類の希望に満ちた未来をより一層豊かにすることこそ私たち先住民族の願いであることを申し上げて、私の演説を終わりたいと思います。イヤイライケレ。ありがとうございました。」

公正な、相互の尊重・理解にもとづく新たなパートナーシップは、単にアイヌ民族のみならず、アジア地域、そして世界中の先住民族の権利回復をもたらすとともに、ひいては平和で豊かな人類の未来のための基盤をなすものである。その意味で、アイヌ民族が日本政府と新たなパートナーシップを結ぶことは、グローバルな普遍的価値を有するものと野村は捉えているのである。簡略な「野村義一伝」を著した藤本英雄は、以上のような内容と構成を有する野村講演について、「［講演に現れている野村の未来志向のスタンス］には長い運動の中でいきついた彼の美学が語られているような気がする」と指摘している。[19]

注
1　明治以降のアイヌ政策の動向や振興法成立の経緯、内容、意義、アイヌ政策推進会議成立などについては、中村睦夫『アイヌ民族法制と憲法』（北海道大学出版会、2018 年）および常本照樹「アイヌ文化振興法の意義とアイヌ民族政策の課題」（北海道大学アイヌ・先住民研究センター編『アイヌ研究の現在と未来』（北海道大学出版会、2010 年）参照。
2　加藤忠は法案について「これまで長い時間がかかったが大きな一歩だ。国が先住民

族政策として行うことが画期的だ。今後地域とアイヌ協会が一体となって事業を展開したい」と語っている。「ほっとニュース北海道」(https://www.nhk.or.jp/sapporo/articles/slug-n6a29221a4a2e:2019年3月14日アクセス)

3　大黒正伸「アイヌ民族運動の変貌—北海道アイヌ協会の現状をめぐる覚書—」『ソシオロジカ』第38巻1・2号、104頁。
4　竹内渉『野村義一と北海道ウタリ協会』(草風館、2004年) 174-175頁。
5　「苫小牧民報」1998年10月1日付、竹内、前掲書、166-167頁。
6　竹内、前掲書、24-25頁。
7　手島武雅「国連における先住民族解放運動」、『現代の理論』、No.224、1986年、80-81頁。
8　堀内光一『先住民アイヌの曙光　民族自決権の奪回へ』(評論社、2013年) 231頁。
9　小坂田裕子『先住民族と国際法』(信山社、2017年) 33頁。
10　野村義一『アイヌ民族を生きる』(草風館、1996年) 80頁。
11　野村、前掲書、81-82頁。
12　二風谷フォーラム実行委員会編『アイヌモシリに集う　世界先住民族のメッセージ』(栄光教育文化研究所、1994年) 参照。
13　野村、前掲書、83-84頁。
14　前掲書、『アイヌモシリに集う』105頁。
15　相内俊一「第二章　「国連先住民族の権利宣言」制定過程と「一〇年」」(上村英明監修、藤岡美恵子・中野憲志編『グローバル時代の先住民族　「先住民族の一〇年」とは何だったのか』(法律文化社、2004年) 37頁。
16　前掲書、『アイヌモシリに集う』47頁。
17　たとえば、ヴィクトリア・タウリ－コープス (Victoria Tauli-Corpuz) は、アメリカの先住民族に関する国連報告書第34パラグラフでつぎのように指摘している。「エネルギー資源の探索や抽出、改良をなすことはすべて、その地に居住する先住民族の健康や社会関係、文化、そして精神生活に影響をおよぼしていることを考慮しなければならない。」Victoria Tauli-Corpuz,'Report of the Special Rapporteur on the rights of indigenous peoples on her mission to the United States of　America', A/HRC/36/46/Add.1, https://undocs.org/A/HRC/36/46/Add.1 (角田猛之訳、『関西大学法学論集』第69巻1号 (2019年5月) 99頁)
18　James Anaya, 'Report of the Special Rapporteur on the rights of indigenous peoples, Addendum Consultation on the situation of indigenous peoples in Asia, https://www.refworld.org/docid/522db7fa4.html (角田猛之訳、『関西大学法学論集』第68巻6号 (2019年3月) 236頁) この報告書は、アナヤが2013年3月18,19日にクアラルンプールで開催した、アジアの先住民族との協議報告で、その協議にアイヌも参加している (ただし、日本からの参加があったことには第1パラグラフで言及しているが、報告全体を通じてアイヌという名には言及していない)。
19　野村、前掲書、208頁。

オハラとリブステインの『法の市場』は法のグローバル化について何を示唆するか

森村　進（一橋大学特任教授）

1. はじめに
2. 『法の市場』の紹介
   (1) 序論
   (2) 法の市場への賛否
   (3) 各論的問題
   (4) 含意
3. おわりに

1. はじめに

　かつて諸個人や団体が服する法制度は、彼らあるいはそれらが物理的に存在する地域を支配する政府（州や地方自治体を含む）のものだけにほとんど限られていた。ところが輸送やコミュニケーションの技術の進歩、社会の流動化と広域化、さらにグローバル化に伴って、個人も団体もそれ以外の法域（jurisdiction）と接触する機会が増えた。その結果、異なった法域に属する当事者間の法律関係についてそれを規律すべき準拠法を決定する、国際私法（private international law）とか抵触法（conflict of laws）とか呼ばれる法律学の分野が発展してきた。

　それだけでない。最近では、当事者が自分たちに便利な法を選択しようとすることも可能になってきた。たとえば実質的にA国で暮している人がB国で法人を設立したり、資産の多くをC国の銀行に移したり、他の当事者との訴訟をD国の法律や裁判所によって解決する契約を結んだり、E国の婚姻法によって結婚することができるようになってきたのである。そうなると国や自治体は立法にあたっ

て他の法域の法との競争にさらされて、法制度も裁定のサービス（裁判）も、その供給を地域的に独占できないことになる。

エリン・A・オハラ（ヴァンダービルト大学教授）とラリー・E・リブステイン（イリノイ大学教授）というアメリカの二人の法学者による共著『法の市場』(Erin A. O'Hara and Larry E. Ribstein, *The Law Market*, Oxford University Press, 2009. 未邦訳) はすでに十年前に出版された本だが、法の市場化というこの現象を一冊をかけて本格的に論じた今でも唯一の書物のようだ。そこでこの小文は、著者の一人が最近発表したサーベイ論文「法の選択と法の抵触」(Erin O'Hara O'Connor, "Choice of Law and Conflict of Laws", in Francesco Parisi (ed.), *The Handbook of Law and Economics*, Vol. 3, Oxford University Press, 2017) も参照しながら『法の市場』の内容を簡単に紹介する。以下特に断らない限り、ページや章はその本のものである。

最初にお断りするが、本書はアメリカの法学者がアメリカの読者を念頭に置いて書いたものだから、州法（state law）間の選択、およびそれを調整するものとしての連邦法が主として論じられている。しかし本書の内容はアメリカ合衆国のような連邦制度をとっていない国の法学者や法律家にとっても重要な意義を持っている。なぜなら、著者たちも本書の最後の「国際法への含意」という短い節で指摘しているように、州法間の選択というテーマは、国家法の間の選択というテーマにたやすく適用できるからである。

なお本書は「法の選択（choice-of-law）」以外にもそれと区別して所々で「裁判所の選択（choice-of-court）」について述べているが、話を単純にするため、以下の紹介では後者も「法の選択」に含めることにする。

2.『法の市場』の紹介

(1) 序論

第1章「序論」は少し詳しく紹介しよう。

まず著者たちは狭くなっていく世界の中での法のショッピングの例をあげた後、裁判所は「どの（州の）法を適用すべきか」という問題について純粋に領域的

なアプローチを取らずに、当事者の個人や会社による準拠法選択条項（choice-of-law clause）をエンフォースすることがあるがそれはなぜか、という問題を取り上げる。その理由として第一に、この条項は当事者が州による過剰な規制を回避することを許す、ということがあげられる。たとえばイリノイ州マディソン郡のような「訴訟ヘイヴン」は弁護士に大儲けさせるクラス・アクション制度で悪名高いが、それを恐れる会社は準拠法選択条項を利用して他の地域で裁判をすることができる。第二に、現実の世界では準拠法に関する法が難解であるため、どの法が準拠法になるかわかりにくいことが多く、当事者の法律関係が不安定になるので、あらかじめ準拠法を決めておくことは法的安定性を高めることになる。

　もっともこれらの事情から準拠法選択条項をエンフォースすることは企業間の関係では問題が少ないが、企業対消費者の関係では問題になりうる。なぜなら適用すべき法を選べるのは事実上企業の方に限られ、そして企業は自分にとって不当に有利な法を選ぼうとするかもしれないからだ。だから準拠法選択条項を規制することが適切な場合もあるだろう。しかしその場合でも、当事者が法を選べるということの有益な効果は保持しておくべきだ。

　このように準拠法選択条項のエンフォースメントの結果として「法の市場」が生ずるが、そのことは法システム自体に影響を及ぼさざるをえない。なぜなら人々が複数の法の中から選択できるようになると、州の立法者は他の州の法制度と競争することになるからだ。そのよい例がアメリカ合衆国の会社法であって、かつてはニュージャージー州が、そして今ではデラウェア州が、広範な契約の自由を法人に認めているため、多くの企業がそこで設立されている。このことは他の諸州が会社への規制を強化することを防止する効果も持っている。あまりに規制が強ければ、企業はより規制の弱い州へと移動するだろうからだ。

　当事者による準拠法の選択は会社法だけでなく、不動産法や婚姻法や訴訟法についても考えられる。そうすれば当事者は自分の必要により適した法制度を採用することができる。その一方で、法の市場は深刻な社会的問題をひき起こすこともあるだろう。大切なことは法の市場がもたらす恩恵とコストを比較して、それに対するどれだけの規制が適切なのかを見定めることだ。

今まで述べたのは合衆国内部における州法間の競争だが、ヨーロッパ連合（EU）もアメリカのような連邦制度に近づいているので、同じような準拠法の選択という現象がヨーロッパの内部でも生じているし、グローバルな規模でも起こりつつある。たとえば船はどの国にも船籍を持ちうる。このような国際的な法の市場は、合衆国内部の法の市場よりも一層負の影響の危険をはらんでいるかもしれない。なぜなら合衆国の諸州は憲法や言語や習慣や歴史を共有しているが、諸国間にはそのような共通性を期待できないし、諸国は自国内の活動を規制することについて正当な利益を持っているかもしれないからだ。

　法の市場は政治理論にも重要な含意を持っている。つとに政治学者のアルバート・ハーシュマン（Albert O. Hirschman）が指摘したことだが、人々は自分の住んでいる地域の政府に反対するときに「声」を上げるだけでなく、移転して「退場」することで自分の意見を実現することもできる。また経済学者のチャールズ・ティボー（Charles Tibout）は、住民は「足による投票」という手段を用いて、政府による公共財の供給に関する自分の意見を示すことができ、それが公共財の生産にも影響すると主張した。（なお「足による投票」が通常の投票箱による投票よりも民主制の欠陥を是正できると主張する詳細な研究として、日本語文献ではイリヤ・ソミン『民主主義と政治的無知』信山社・2016 年が読める。）法も公共財の一種と考えられるから、ハーシュマンやティボーの議論はここにもあてはまる。しかし彼らが指摘した移転という選択肢では、特定の場所に結びついた公共財をすべて買うか否かしか選べないのだが、法の市場という選択肢はこの問題を解決する。著者たちの表現によれば——

　　「個々の関係のタイプごとの市場のおかげで、人々や会社はその経済的・社会的生活の個々の側面に適する法を選ぶことができる——法人についてはデラウェア州、商契約についてはニューヨーク州、証券投資信託についてはマサチューセッツ州、クレジットカードについてはサウスダコタ州。そしてこれらすべての領域において法律は劣っているかもしれないが、よりよいゴルフ場とスキー場を持っている日光に恵まれたカリフォルニア州に住むことができる

のだ」(p.14)。

　法の市場は人々を単なる投票者から、法律の購買者・消費者に変える。そのため州の立法者＝議員は、立法にあたって投票者や利益集団だけでなく、その州の法律に関係するあらゆる人々にも訴えかけなければならなくなる。このことは、それまで政治の場で無視あるいは軽視されていた小さな集団にも力を与えることになる。
　さらに法の市場の発展は個々の法的ルールだけでなく、法的ルールの一般的性質にも影響を及ぼす。
　契約法の場合、従来では強行規定だった規定も、契約当事者が準拠法選択条項の中に含めた場合にのみエンフォースされるという意味で「半強行規定」にすぎなくなるかもしれない。その一方で、当事者が準拠法選択条項によって回避しようとしても裁判所がその効力を認めないという意味で、当事者の意思に反して強行される「超強行規定」という新しいカテゴリーが生まれるだろう。
　公法では、法の市場がなかったころの立法者は他の法域の法律との競争から免れていたので、連邦が介入しない限り、強力な利益団体が個人の自由を脅かすような立法もできたが、今日人々は他の州の法を利用できるようになった。
　さらにこれまで複数の法域が重なるとき、当事者は結局どの法体系が適用されるかわかりにくくて、そのような場合さまざまの法律の多様性を減少させるものとして連邦法が頼りにされることが多かったが、連邦法に頼ることは、他方では法の多様性を犠牲にすることになっていた。ところが法の市場が存在すれば、当事者は多様な法の中から自分に適したものを明確に選ぶことができるから、法の不確実性と一様性という二つの欠点を同時に克服することができる。さらに契約における準拠法選択条項のエンフォースメントを確保するような統一連邦法があると一層よいだろう。

(2) 法の市場への賛否
　以上が第1章の内容だった。続いて第2章「政策に関する議論」は、法の市

場へのさまざまの賛成論と反論を検討する。

著者たちは準拠法が法律の質に影響を及ぼすと主張する。たとえば製造物責任に関する準拠法を考えてみよう。それを製造地の法律と決めてしまうと、そこの州は地元企業の味方をしてしまうかもしれないし、そもそも多くの消費者は訴えを提起しにくいから、製造物責任は過小にしか認められないだろう。その逆に、どこでも消費者が住んでいる州の法を準拠法とすると、あまりにも高い基準の注意義務が課されて、その結果その商品の価格が高騰してしまうかもしれない。販売地の州の法を準拠法にすれば、州ごとに住民が求める平均的な注意義務が課されるだろうから、それが一番効率的な準拠法だろう。

しかしそもそもなぜ悪い法律が存在するのだろうか？それを考えることは、法の市場がよりよい法を生み出せるか、またどのようにして生み出せるかを知るために有用だ。ただし著者たちは法律の良し悪しに関する客観的な基準はないという理由で、もっぱら立法手続きの問題に焦点をあてて論ずる。

第一の問題は、諸個人や団体は立法への政治的影響力において大きな差があるということだ。比較的同質的なよくまとまった利益集団は、自分たちに有利な強行規定を法律の中に取り入れさせるためのロビーイングがしやすいが、消費者やその州以外の住民はそのような影響力をほとんど持たない。その結果、後者の犠牲において前者に有利な立法がなされやすい。第二の問題は、たとえ立法者の動機が立派なものであっても彼らには専門的な知識が欠けているということだ。第三の問題は、法の解釈を通じて悪法の影響を減少させることができる裁判官も、立法府や利益団体からの圧力を受けることには違いがないし、能力も限られているということだ。さらに法律がスピルオーバー効果（負の外部性）を持って、その地方の歳入や雇用を増加させるが外部に害悪を及ぼす場合、悪法が立法される恐れは一層大きくなる。

これらの原因による悪い法律に対する解決策として法の市場は有効でありうる。ティボーが指摘した「足による投票」という方法は、前章で指摘した難点だけでなく、現実には移転には大きなコストがかかるという難点も持っている。法の市場はこれらの難点を避けられる。またティボーが重視しなかったことだが、人々の選

択行動は直接その人々の選好を実現させるだけでなく、政府に法律や政策を変えさせる圧力を与えるという効果も持つ。なぜなら住民の退出を阻止し新住民の流入を促進することがその地方の利益になるからだ。

　準拠法選択条項は当事者が適用を望まない強行規定の回避だけでなく、任意規定の選択のためにも役立つ。当事者は一々契約の内容を定めなくても、州法が用意してくれた任意規定を利用することができるのである。たとえばコネティカット州は保険契約に適した法律を、デラウェア州は法人に適した法律を持っているためによく利用されてきた。当事者はあるいは法律家協会のような私的な組織が作った様式を採用することもできる。

　準拠法選択条項が持つ別の長所は、それが新しいよりよい法的ルールの実験と発見を奨励するということである。たとえばワイオミング州が最初に採用した有限責任会社法は他の州も採用するところとなった。

　法の市場はこれらの長所を持っているが、その一方で問題を持つこともある。その一つは、第三者に損害を与える負の外部効果を持つ契約を助長してしまう場合である。この場合でも第三者が前もってそのリスクに備える機会が十分にあれば、必ずしも準拠法選択条項のエンフォースメントを拒む必要はないだろうが、そうでないときはエンフォースメントを拒むべきだ。

　法の市場が問題になるもう一つの場合は、当事者の選択に問題があるときだ。たとえば消費者契約のような附合契約では、消費者側は交渉力が欠けていて契約を全体として受け入れるか受け入れないかの選択肢しかなく、一方的に不利益な契約を押しつけられるおそれがある。しかし裁判所や立法府は、現実の交渉がない消費者契約のエンフォースメントを一概に拒むべきでもない。なぜなら画一的な附合契約には十分な合理性があるかもしれないし、他の会社との市場競争にさらされている会社は評判が大切だから消費者の利益も十分考慮するだろうし、消費者団体が契約条項をモニターすることもできるからだ。なお富の公正な再分配のため、準拠法選択条項を認めるべきでないと言われるかもしれないが、そもそも契約法は再分配のためのメカニズムと考えるべきではないから、この主張はとれない。

最後に、ある州における強行規定が必ず他の州でも強行規定でなければならないと考えるべきではない。

(3) 各論的問題

本書のこれまでの章は総論的な部分だったが、各論的問題を扱っている以下の章はもっと簡単に紹介しよう。

第3章「準拠法選択の諸問題」は、アメリカ合衆国の州法間の準拠法選択において歴史的に採用されてきたいくつかのアプローチを紹介するが、著者たちの結論は、当事者の選択をエンフォースするのが最善だろう――州の「根本的政策」を超強行規定として、それに反しない限り――というものである。

第4章「法の市場の創造」は、州の立法者と裁判官が当事者による法の選択を許すことになるインセンティヴを検討するが、それは当事者が移動したり裁定者を決めたりできる能力に依存するところが大きいという。この章の最後は準拠法条項の適用が問題になったケースの経験的調査の紹介に充てられている。

第5章「仲裁と法の市場」は、公的な裁判でなく私的な仲裁が法の市場にいかなる影響をもたらすかを取り扱う。仲裁という制度が存在することは、ますます当事者自治を促進することになる。

続く第6章「会社法の市場」、第7章「消費者契約」、第8章「婚姻とその他の社会的な争点」、第9章「財産法」、第10章「連邦の準拠法法規」は、それぞれ章題のテーマにおける当事者の準拠法選択について個別的に検討している。会社法は、「それが物理的にどこに位置するかにかかわらず、どの州でも法人の設立を可能だとする」(p. 104)「内部事項ドクトリン (internal affair doctrine)」(IAD) というものがあるので当事者による法の選択が一番認められやすい領域だが、消費者契約や製造物責任や同性婚や離婚や代理母契約やリヴィングウィルや信託や不動産法のような分野になると、それぞれ異なった考慮から準拠法条項のエンフォースメントを制限する理由がありうる。これらの領域の契約によって影響を受ける第三者の中にはその規制を求める人々もいるだろう。たとえば各州はその領域の土地の効率的利用について重要な利害を持っているかもしれない。ま

た家族の法的関係について諸州が実験を行う方が、法の進化のために望ましいかもしれない。

(4) 含意

　最終章にあたる第11章「要約と含意」はこれまでの論述のさらなる含意を探る。まず著者たちは法の市場の限界を検討する。「慣習的な契約が直接の当事者以外の人々に影響を与えれば与えるほど、当事者たちに彼らの行為の法的帰結を決定するのを許すことは適当でなくなる」(p.218)。しかしその一方、法の市場以外の解決策のコストも考慮に入れなければならない。そこで著者たちは「州は、準拠法選択条項はエンフォースされるべきだというデフォルト・ルールから出発するのが適切だ」(同上)と主張する。

　本書の考察から示唆されることは、州法のある規定が本当に規制の力を持っているかを決めるのは、それが任意規定であるか強行規定であるか否か以上に、かりに強行規定だとしても当事者に準拠法の選択の能力を認めないような超強行規定であるか否かだ、ということである。選択条項によると準拠されることになる法律が「州の根本的な政策」に反するときはその準拠法選択条項をエンフォースすべきでない、とされることが多い。しかしある規定がこの意味で超強行規定であるか否かは実際には不明確なことが多い。従って「立法府はその法規が強行規定なのかあるいは超強行規定なのかを明確に特定すべきである」(p.221)。その方が判断を裁判所に任せるよりも法が明確になる。

　著者たちは次に、法の市場が州法の未来にとって有する四つの含意を述べる。——第一に、契約による法の選択は州法の効率性を向上させる助けになりうる。第二に、法の市場は州法やもっと小さな法域の影響力を増大させうる（デラウェア州の会社法の例を想起せよ）。第三に、法の市場は立法と物理的領域との間の関係に革命をもたらしうる。ビジネスの規制は物理的関係よりも契約に基づく部分が多くなるのである。第四に、諸州の法律の受益者と費用負担者の利害を調整するためには連邦による統一的立法が有益だとしばしば考えられてきたが、連邦の統一的な法律は州の間の競争を防止する諸州の妥協の産物にすぎず曖昧なことが多

いから、むしろ準拠法選択条項をエンフォースする方がよい。──以上の考慮は州による立法が公共財であるということを否定するものではないが、政府以外の私的機関による立法や裁定も法の市場に参入することを視野に入れなければならない、と著者たちは言う。

著者たちは法の市場が国際法に対して有する含意を簡単に述べることで本書を締めくくる。──証券市場の国際的な競争は合衆国の証券規制にプレッシャーをかけているが、それと同じことは、合衆国内の仲裁や信託に関する法律についても言える。本書が取り扱ってきた連邦制度内の州の間の競争は、国家間の競争と異なり、共通の国家体制や文化の中で行われるから、異なった法域（具体的には州）の間の利害調整が相対的にたやすいし、中央政府が介入することもできるという長所がある。しかしそれは程度問題だ。国際競争の場合でも国家間の調整は可能だ。また連邦国家の場合、利益団体のロビーイングによって法の市場競争が妨害されてしまうという恐れもある。連邦内部の法の市場と国際的な法の市場のどちらがよいかは一概には決められない。それは将来の検討に委ねられる問題だ──。

3. おわりに

以上がオハラとリブスタインの『法の市場』の概要である。本書はアメリカ合衆国という連邦国家内部の「法の市場」を一次的には取り上げるものだが、それは最終章が示すように国際的な「法の市場」というテーマを考えさせずにはおかない。著者たちは「法の市場」について基本的に積極的な評価をしている。異なった法が供給され、それが諸個人や諸団体によって選ばれることは、当事者にとっての利益になり、新しい法の発明や発展をもたらし、また立法者に対して適切なプレッシャーを与えることになると信じているからだ。著者たちは法の市場競争が「底辺へのレース」になる可能性も無視しないが、それよりも「頂点へのレース」になる可能性が大きいと考えている。実際、私的自治というものの意義を求める限り、グローバル化がもたらす国際的な「法の市場」の拡大は基本的に歓迎すべき現

象であるはずだろう。

　ただし連邦国家内部の法の市場と国際的な法の市場の間には大きな相違がある。それは前者においては統一的な連邦法が存在しうるが、後者においてはそれに対応するような統一的私法というものがないということだ。このことはグローバルな法の市場を一層問題あるものにするかもしれない。世界全体にとっては有害だが、自国（の利益集団）に有利な国内法をエンフォースしよう、それどころか外国にも押しつけようとして、たとえ当事者が選択しても外国の法律の適用を認めようとしない国家は存在する。その場合、ティボー・モデルが想定するような当事者の「足による投票」もまた国内より一層難しい。多くの国家は自国の利益に関わる場合、自国の強行規定が著者たちのいう「超強行規定」でもあるとみなしそうだ。その対策としては、国際的世論に訴えかけるといったものが考えられる。

　ともかく国際的な「法の市場」の発展をどう評価するにせよ、オハラとリブステインのこの本は多くの示唆と考えるべき問題を与えてくれる。

2　グローバル化の中での法学教育

司法制度改革と日本司法の国際化

―法科大学院における法曹養成の国際化課題に焦点を当てて―

川嶋四郎（同志社大学教授）

1. はじめに―司法制度改革のなかの国際化課題
2. 法科大学院における法曹養成と国際化―「国際化」への期待と現状
   (1) 法科大学院制度への期待
   (2) 法科大学院の現状
   (3) 法科大学院制度と研究者養成
3. おわりに―将来へのささやかな展望

1. はじめに―司法制度改革のなかの国際化課題

　今は昔の観もなくはないが、2001年（平成13年）6月12日に公表された『司法制度改革審議会意見書』[1]（以下、単に『意見書』という。）は、その副題が示すように、「21世紀の日本を支える司法制度」のあり方を具体的に提示した。そこには、日本司法の国際化の課題も含まれていた。『意見書』の提言を受けて、2002年（平成14年）3月19日に閣議決定された『司法制度改革推進計画』[2]（以下、単に『推進計画』という。）は、政府が講ずべき措置内容などを概括的に示したが、そのなかにも、日本司法の国際化対応が明示されていた[3]。

　まず、『推進計画』の基本的な考え方として、「社会の複雑・多様化、国際化等がより一層進展する中で、行政改革を始めとする社会経済の構造改革を進め、明確なルールと自己責任原則に貫かれた事後監視・救済型社会への転換を図り、自由かつ公正な社会を実現していくためには、その基礎となる司法の基本的制度が新しい時代にふさわしく、国民にとって身近なものとなるよう、国民の視点から、

これを抜本的に見直し、司法の機能を充実強化することが不可欠である。」と述べ、この計画の策定に際して、国際化社会における日本司法のあり方を考えることが明示されていた。

司法制度改革の3つの柱とされた、①「国民の期待に応える司法制度の構築（制度的基盤の整備）」、②「司法制度を支える法曹の在り方（人的基盤の拡充）」、および、③「国民的基盤の確立（国民の司法参加）」でも、前2者は、日本司法の国際化対応をも明確に意識した内容となっていた。このような『意見書』の趣旨を具体化した『推進計画』でも、そのような意識は維持され、①においては、特に、「国際化への対応」として、「グローバル化が進む世界の中で、司法の役割を強化し、その国際的対応力を強めることが一層重要となっているとの認識の下に、民事司法の国際化、刑事司法の国際化、法整備支援の推進及び弁護士の国際化を図るための措置を講ずる」ことが明記され、また、②においては、「弁護士の国際化」として、「弁護士が国際化時代の法的需要に十分対応できるようにするため、……弁護士の専門性及び執務態勢の強化について、必要な対応を行うほか、国際交流の推進、法曹養成段階における国際化の要請への配慮等により、国際化への対応を抜本的に強化することとし、逐次、所要の措置を講ずる」ことや、「弁護士と外国法事務弁護士等との提携・協働を積極的に推進する見地から、特定共同事業の要件緩和等を行うこととし、所要の法案を提出する」ことや、「開発途上国に対する法整備支援を引き続き推進する」ことが明記された。また、「検察官制度の改革」のなかでも、「検察官は、公益の代表者として、特に刑事に関して極めて重大な職責を負っており、その権限を常に厳正かつ公平に行使することが求められているほか、今後の社会構造の変化、科学技術の革新、国際化等の一層の進展に伴って生ずる新しい形態の犯罪や高度な専門的知見を要する犯罪にも的確に対応する必要がある」ことが明記されていた。

このように、『意見書』も『推進計画』も、「国際化」についての高い意識のもとで作成されており、現時点において、すでに具体化された個別項目も少なくない[4]。それはまさしく、司法制度改革の着実な成果と考えられるが、本稿では、これまで必ずしも十分に論じられることがなかった「法科大学院における法曹養

成と国際化」の現状と課題などについて一瞥したい。

2. 法科大学院における法曹養成と国際化―「国際化」への期待と現状

(1) 法科大学院制度への期待

　『意見書』のなかでも、21世紀の日本司法を支える法曹を養成するために、法科大学院については、大きな期待が込められていた。それは、「司法試験という『点』のみによる選抜ではなく、法学教育、司法試験、司法修習を有機的に連携させた『プロセス』としての法曹養成制度を新たに整備すべきである」との前提で、「その中核を成すものとして、法曹養成に特化した教育を行うプロフェッショナル・スクールである法科大学院を設けるべきである」と提言されたことに由来する。法科大学院は、2004年4月1日から各地に開校され、現在に至るまで、数多くの卒業生を送り出してきた[5]。

　このような期待は、「国際化」の観点からみた場合も同様である。少なくとも設立当初は、たとえば、その授業科目に国際化に対応できる科目を配すること、外国人教員等による外国法や比較法等の教育を外国語で行うこと、日本人教員が国際的視点を踏まえて日本法に関する法律専門科目（「法理論教育」科目）の教育を行うこと、海外において実務科目（「法実務教育」科目）の教育を実施することなど、法科大学院教育の幅や深みを増す試みを行う可能性を有していた。なぜならば、『意見書』には、「法科大学院では、その課程を修了した者のうち相当程度（例えば約7～8割）の者が新司法試験に合格できるよう、充実した教育を行うべきである」と明示されており、「有機的に連携させた『プロセス』」を通じて、その結果が国家的に保障されたと考えられたからである。この『意見書』が公表される前から、法科大学院の創設に向けて、全国の大学等が、様々な制度設計を公表してきた。多くの法科大学院で、個性的な教育課程が準備されると共に、グローバル化を視野に入れた基本構想も立てられ、希望に満ちたカリキュラムが組まれていたのである[6]。

　『意見書』では、法科大学院修了者に与えられる「学位」に関しても、「国際

的通用性をも勘案しつつ、法科大学院独自の学位（専門職学位）を新設することを検討すべきである」と提言され、その後、「法務博士」という名称が付与されることになった。アメリカのロースクール修了生に付与される「JD（Juris Doctor）」の学位が参考にされたと考えられる。伝統的な大学院法学研究科における博士の学位が、理解に苦しむおかしな表記である「博士（法学）」（旧称、「法学博士」）であるのに対して、「法学」の博士ではなく、「法律実務」の博士である点に、大きな特徴がある。ただし、表記は、「博士（法学）」に倣うのならば、「博士（法務）」とすべきであると考えられるが、なぜか「法務博士」である。

さらに、『意見書』には、「公平性、開放性、多様性の確保」という法科大学院制度の基本理念を実現するために、その一例として、「司法の国際化への対応や諸外国の法整備支援を通じた国際貢献の一環として、留学生の積極的受入れには十分な配慮が望まれる」といった付言もみられたのである。

なお、『意見書』では、法科大学院における「法曹の継続教育」も提言されていた。すなわち、「21世紀の司法を支えるにふさわしい資質と能力（倫理面も含む。）を備えた法曹を養成・確保する上では、法曹の継続教育についても、総合的・体系的な構想の一環として位置付け、そのための整備をすべきである」としたうえで、「現に実務に携わる法曹も、法科大学院において、科目履修等の適宜の方法により、先端的・現代的分野や国際関連、学際的分野等を学ぶことは、最適な法的サービスを提供する上で必要な法知識を更新するとともに、視野や活動の範囲を広げるために意義のあることだと考えられ、関係者の自発的、積極的な取組が求められる」と明記されていたのである。

(2) 法科大学院の現状

これに対して、創設後15年以上を経過した法科大学院制度の現状は悲惨である。

まず、法科大学院の専任教員として、外国人教員を採用している法科大学院は数えるほどしかなく、カリキュラムのなかに、外国法や比較法などの科目を用意し、その科目の授業に多くの受講生が参加している法科大学院は、必ずしも多くはないのではないかと推測される。英語で授業を実施する科目を配している法科大学

院もなくはないものの、その数はごくわずかで、しかも、その受講者も多くはないと思われる。法科大学院生の海外視察を授業に組み込む法科大学院もみられるが、外国法律事務への能動的な関わりあるいは積極的な参加というよりも、あくまで、予め教員により企画されたスケジュールに基づく視察あるいはエクスカーションの域を出ないのではないかと思われる。法科大学院によっては、東南アジアにおける法整備支援を担当する日本事務所での研修などを授業に取り入れているところもあるが、積極的な法整備支援への関与というよりむしろ職務内容の理解や視察などに終始しているようである。現状では、少なくとも、組織やカリキュラム面で、日本の法科大学院が「国際化」に大きく貢献しているとは考えられない。しかも、法科大学院修了生が、積極的に日本司法の国際化に対応し、グローバル化した社会の構築に、より広く参加するようになったとも思われない。

　次に、「留学生の受入れ」や「法曹の継続教育」などにおいても、現在、日本の法科大学院がどれだけ貢献しているか分からない。しかも、それにより、法科大学院が国際貢献を実現できているかといえば、答えは消極的なものにならざるを得ない。交換留学制度はともかく、留学生の積極的な受入れを行っている法科大学院が、ごく最近の例外（例、慶應義塾大学）を除いて、どのくらい存在するかは不明であり、しかもまた、法科大学院に、現職の裁判官、検察官および弁護士が、一定期間継続教育のために、学生・科目等履修生・聴講生などとして在籍したといった例も、寡聞にして聞いたことがない。確かに、法科大学院教員が、司法研修所（司法修習生・裁判官の研修）などに出向いて「講演」を行う場合はなくはないものの、名誉的あるいは新法・新制度教育的なもののように思われ、また、その人選などもかなり偏っているようである。

　なお、法科大学院修了後の学位の名称も珍奇である。「法務博士」は、法律実務についての博士といった趣旨であると考えられるが、そうであるならば、法科大学院教育の課程で法律実務科目に関しては、実務基礎科目だけではなく、実務展開（実務応用）科目など、より多くの実務科目を配する必要があると考えられる。法科大学院修了後には、アメリカのロースクールの修了後と同様に、すぐに法律実務に就くことが認められて然るべきであり、そうだとすると、司法研修所な

どは、本来不要であると考えられる（キャリア・システム維持の当否は措くとして、仮に裁判官適格者の選択システムが必要ならば、別途そのための制度を考えるべきであろう。）。法務博士の称号は、完結した法科大学院教育によって付与されるべきであると考えられるからである[7]。

しかも、現在の日本に「予備試験」なるものが存在すること、および、それを経由し法科大学院を経ないでも、裁判官や検察官になれる日本の現状は、かなり異常である。「法務博士」でありながら法曹ではなく、「法務博士」ではないのに法曹である人々が、裁判実務や検察実務を実際に行っているといった現状は、市民感覚から常識的に考えて尋常とは思われないのではないだろうか[8]。これは、仮定の話として、医学部を経ないで、ペーパー試験だけで医者になる者を、市民がどう思うかの問題とも対比できるであろう。

このような裁判官・検察官養成プロセスは、確かに、ペーパーワークに長けた官僚的法曹の育成には寄与するかもしれない。しかし、弁護士のように、一般市民が選択の自由を有することなく、しかも、市場原理により淘汰されない閉鎖的で堅固なシステム[9]における職業訓練と地位形成には、市民感覚から乖離する危惧も拭えず、また、法曹養成の可視化・透明化といった世界標準から考えると、「不思議の国ニッポン」を表象する顕著な事例のようにも思われる[10]。

(3) 法科大学院制度と研究者養成

法科大学院のこのような現状と課題を前に、法学研究者の養成に目を転じた場合には、希望の火影は、さらに小さくなっているようにも思われる。

『意見書』は、あくまで司法制度改革に関する提言であり、直接的には研究者養成に関するものではなかった。しかし、日本司法の制度的基盤を検証的かつ建設的に支え、法曹養成に対して学理面から献身的に貢献し、国民の司法参加に促進的な役割を果たすことを通じて、日本の司法と法律学の確かで豊かな基盤作りに奉仕しその発展を支えるのは、日本全国の法学研究者である。いわゆる学卒助教といった正規の大学院教育を経験しない研究教育者を生み出す特権的な方式は、ここでは措くとして、これまで法学研究者の養成のために多大な貢献をして

きたのは、大学院法学研究科であった（そこでは、研究者養成と司法試験とは、直接関係がなかった。）。そこで、人々は、実定法学の領域でも、伝統的に法比較および歴史研究の視点から、日本の現行法を相対化して、よりよい法形成、ひいては国民のために裨益する新たな法理論・法手続・法制度の形成に邁進してきた[11]。

ところが、それは法科大学院の創設と共に、大きな変容を被ることになった。

まず、法科大学院が、法律実務家の養成機関であることから、教育内容が現行法の理論や実務の教育に限定されることとなった。「民事訴訟実務はこの理論で動いている」との言説は、スペードのエースのような威力を発揮する。授業では、有力な反対学説、外国法の紹介、さらには最新の学術論文の紹介など、ほとんど行うことができなくなった。限られた時間内で法領域の全体にわたる教育を満遍なく行わなければならないため、教育内容は自ずから限定されざるを得ない。程度の差こそあれ、「司法試験」を意識した教育をすべきであるといったある種の呪縛もある。民事訴訟法学では、判例が明示的に言及して否定したがゆえに紹介の機会が生まれた、争点効理論や紛争管理権論などはともかく、新訴訟物理論や民事訴訟の「第3の波」論などの基礎理論は、言及さえされないのではないかとも思われる。学問とは本来的には無関係の考慮要素であるはずであるが、学生の関心は、なぜか司法試験委員（あるいはその経験者）やその執筆書籍、あるいはSNSの情報や予備校のマニュアル本などに向かうことも多いようである（「なぜか」と記したのは、試験制度の公正さ確保の視点からの記述である。）。アメリカではありえない話である。さらに、従来大学教育を行ったことがなかった法律実務家（裁判官・検察官・弁護士）が大学教員に就任し、その多くは優れた授業を行いよりよき法律実務家の養成に貢献してきたものの、学生たちからの不満も少なからず存在したようである（もちろん、従来の研究者教員についても、同様であるが。）。要するに、大学教育が、現実には「箔」や「権威」によって実践できないことを明らかにしたのである。そのような元裁判官教員の採用は、受験生向けに一定程度の宣伝効果は存在したと考えられるが、学生のために実際にどれだけ貢献できたかは、今後の検証に待たざるを得ない。ただし、その後の法科大学院の相次ぐ「閉鎖」は、その教員のその後の所属先との関係で、新たな法学教員の採用、ひいては

育成に対する事実上の障壁ともなりかねなかった[12]。

　実定法学における研究者養成に着目した場合に、法科大学院制度の創設のさいには、法科大学院を経由して司法試験に合格した者のみを、大学院法学研究科博士後期課程に受け入れることを明示した大学などもいくつかみられた。それらの大学は、従来、数多くの優れた研究者を比較的コンスタントに輩出してきた大学であった。しかし、近時、それらの大学における大学院法学研究科を経由した研究者の養成員数は、少なくとも民事訴訟法学の領域に限ってみた場合にも、かなり少なくなっているように思われる。それは、民事訴訟法学会のように、裁判官や弁護士などの法律実務家に入会の機会が開かれている限り、会員数の激減には結びついてはいないようであるが、現実の実務から一歩距離を置き、理論的見地から研究や教育を行う人材を育成するという面では、学会基盤の脆弱化をもたらしかねないであろう[13]。

　さらに、とりわけ、法科大学院出身の民事訴訟法研究者の養成に着目した場合には、国際的な視野から法比較に基づく理論研究までをもきちんと行うことができる者がどれだけ育成できるかもまた、刮目して待たなければならない。恒常的な判例研究などは重要であるとしても、利用者のためのよりよい手続を構築するためには、民事訴訟法学においては、現行法をグローバルな視野から、その基礎理論面に立ち戻って多角的に考察することは不可欠である。法科大学院を経た民事訴訟法研究者には、既存の実務の枠に囚われない理論的な考察視角が不可欠となると考えられるのである。それはもちろん、従来の育成プロセスとして大学院法学研究科を経た研究者にとっても、現在の判例・実務の理解に基づく批判的かつ建設的な研究が不可避的に要請されることはいうまでもない[14]。

　民事訴訟法学の領域に限定して付言した場合には、その学問的深化や理論的進化だけではなく、議論の細密化も著しい。それは、高いがゆえ人を近づけない霊峰というよりも、深いがゆえに人を遠ざけてしまう冥海に似ているように思われる。かつてと比べて、現在の民事訴訟法学においては、血湧き肉躍るような論文や、パラダイム転換を迫るような論考などが、ほとんどみられなくなったように感じるのは、私だけであろうか[15]。そのことは、学生を民事訴訟法学の領域に誘い

研究者層の重厚化に貢献する機会を減少しかねないことを、意味するように思われる。それ自体、学問の普及や国際化の進展にとってはマイナス要因ではないかと考えられるのである。なお、元裁判官や弁護士などが民事訴訟法の教員となる場合も、すべて個々人に依存する問題ではあるが、既存の民事訴訟法・民事手続実務に依拠しその枠を超えない授業が行われる限りで、国際化傾向からは遠ざかるのではないかと思われる。「出る杭」は打たれ「忖度」が事実たる慣習のような存在になっている現時日本の民事訴訟法学の世界においては、グローバルな視野での大きな改革提言を思索すること自体、すでにドンキホーテ型の愚行とみられるのかもしれない。敢えて述べれば、21世紀の日本における学問の世界でさえ、学閥、閨閥さらにはコネクションにも、かなり根強いものがみられる。

　要するに、法科大学院教育の名のもとに、知の領域における「個性の発露である独創的な着想や新たな価値体系の創造」が、抑制されてはならないであろう。知の世界では、実質的な意味で、表現の自由（憲法21条）も学問の自由（同23条）も保障されなければならないのである。民事訴訟法学の前途は厳しいように思われるが、それでも若い研究者に期待をし続けたい。

3. おわりに―将来へのささやかな展望

　全国各地に法科大学院が創設される以前には、様々な「法科大学院構想」が明らかにされた。その披瀝の多くは、各地でシンポジウムを開催する形式で行われた。そのなかでの印象的なものの一つは、1999年秋に3回連続で行われた「九州大学・大学教育と法律実務家養成に関する連続シンポジウム」[16]であり、そこで行われたニューヨーク大学ロースクールのフランク・アッパム教授による講演は、特に印象的であった。

　教授は、180校以上存在するアメリカのロースクールには、3つの類型があるという。第1は、国際的な教育の中心となる国際的にも著名なロースクールの類型であり、トップ10とか30と呼ばれ、第2は、ナショナル・ロースクールであり、優秀な卒業生を輩出する大学の類型であり、6,70校存在し、さらに、第3は、

ローカル（リージョナル）・ロースクールと呼ばれる類型である。教授は、九州大学法科大学院には、第1類型のような法科大学院になることを、期待されたのである[17]。

この視点からみた場合に、そもそも日本の法科大学院のなかに、アメリカのトップ・ロースクールに相当する法曹養成教育[18]を実践している法科大学院が存在するか否かが、まず問われることになるであろう。その第1類型のロースクールにみられるように、多くの外国人留学生を受け入れている日本の法科大学院は、現在のところ存在しない。したがって、法曹資格が国家資格であるとしても、国際的な法科大学院となり得ているものは、日本には存在していないのである[19]。

その後、全国各地の法科大学院制度は、過酷な罰ゲームが準備された後出しじゃんけん宜しく、事後的に賦課された国家の桎梏のもとで、一部の例外を除いてどうにかこうにか生き残り、とどのつまりに財政的なコントロールを受けつつ過酷な現況に至っている[20]。それは、人としてまともな精神を有している限り[21]、事実上、あたかも水攻めを受けている備中高松城内か、あるいは兵糧攻めを受けている鳥取城内にいるような観があり、また、制度の創設プロセスに深く関与した者からすれば、明治維新後の自由民権運動の昂揚と大日本帝国憲法の公布後のその沈静化の状況、あるいはその後の日本の悲劇的な歴史さえをも想起させる[22]。いずれも「民」の側からみた場合である。

このように、法科大学院教育を通じた法曹養成の現状を考えた場合に、結局、国際的に通用する法科大学院制度、あるいは国際的に活躍できる専門法曹の養成という課題は、ほとんど実現できていないのが現状である。その原因は、『意見書』がその打破を強く志向した日本司法をめぐる様々な「既得権」を、少なくとも法曹養成の局面では揺るがすこともできなかったことによると考えられる。その直接の原因は、高等教育に責任をもつ文部科学省、司法試験制度の運営に責任をもつ法務省、および、司法研修所を創設し運営する最高裁判所にあると考えられる。いずれにも、多かれ少なかれ研究者教員が左袒しているが、ともかく、最大の障壁は「司法試験」にあると考えている。その合格率の低さ（つまり、合格者数の少なさ）は、法科大学院教育の充実と「国際化」志向の妨げになっていると考

えられるのである[23・24]。

　驚くべきことに、法学部も司法研修所も存在せず、わずか3年間の法学学習の機会を提供するにすぎないロースクール制度をもつアメリカは、現在もコンスタントに専門法曹を養成している。しかも、その養成には、国際的に活躍する弁護士も含まれる。先に述べた講演で、アッパム教授は、そのようなロースクールでクリエイティヴな教育を行うことができる最大の理由は、司法試験自体がクリエイティヴなものを要求しているからではなく、まさに「司法試験が易しいからである」と指摘された[25]。その理由は、学生が、試験をそれほど心配することなく、3年間にわたり主体的かつ自律的に法学の専門領域を学ぶことができる機会が保障されているからである。その言葉は、逆に、現在における日本の法科大学院の閉塞状況を、いわば予言するものであった。日本における法科大学院制度の現状を創り出したのは、過大な期待を生み出した政府だけではなく、無責任に法科大学院を創設した大学、それを認めた文部科学省、様々な局面で学生のことを考えることなくその制度創設に協力した研究者、司法試験制度を抜本的に改革しなかった法務省、さらには、明示的であれ黙示的であれ司法制度改革に抵抗した研究者や弁護士など多岐に及ぶ。そこに、新たな「利権」を見出した者たちもいた。それでも最大の原因は、やはり「司法試験」であることは明白である。『意見書』が明示したように、法科大学院の修了者が7、8割合格できる試験が安定的に存在する限り、法科大学院教育は、より一層深みも厚みも増した多様な専門教育を展開できたはずだからである[26]。日本の法科大学院制度の国際化のために取り組むべき第1の課題は、司法試験制度の改革であろう。

　ともかく、これまで述べてきたような日本の現状とその短い歴史を、個人としての無力感を味わいながらも、私は忘れることができない。国家を信じ、大学を信じ、教員を信じ、そしてもちろん自分自身を信じて、法科大学院に入学してきた多くの学生が存在するからである。紙幅はすでに尽きているが、今後、日本における「法曹養成の国際化」の可能性は、実は「法学部」および「大学院法学研究科」にあるのではないかと考えている。たとえば、海外の大学との学術交流（例、ダブルディグリー・プログラム等）の促進[27]などは、今後の日本司法の国際化に貢

献するための礎を築くことになるのではないかと考えられるからである[28]。

　なお、現在私は、法学部に属し、法科大学院では、非常勤校をも含めいくつかの授業を担当しているにすぎない。それでも、法科大学院では、民事訴訟法科目の担当者として、絶えず司法試験を意識しつつ、民事手続法領域の様々な科目を教えている。一人でも多くの受講生に、それでも司法試験に合格し、「良き法曹」になってもらいたいからである。ただし、西欧法の継受の歴史を有する日本法（民事訴訟法を中心とした民事手続法関係科目）の授業では、ささやかな「国際化」として、制度・手続の歴史や外国法にも言及している。それと同時に、法科大学院生に「知の世界」の広がりを期待しながら、私のわずかな経験から、アメリカ、ドイツおよび東南アジア諸国での法曹養成や、アジア等における法整備支援等の現状を伝えている。法科大学院で現在熱心に学ぶ学生たちの試験に対する不安を多少とも軽減させつつ、民事訴訟法学の価値と面白さを伝えることができれば、と願いながら[29・30]。

注

1　https://www.kantei.go.jp/jp/sihouseido/report/ikensyo/pdf-dex.html.
2　https://www.kantei.go.jp/jp/sihouseido/keikaku/020319keikaku.html.
3　なお、『意見書』に先立つ2000年11月20日の『司法制度改革審議会中間報告』（https://www.kantei.go.jp/jp/sihouseido/report/naka_houkoku.html.）では、「我が国の従前の官僚制度や官民関係を含めた国家・社会システムは、所与の特定的目標の効率的実現を目指してひたすら邁進するときには優れた側面を持つとも言い得る。しかしながら、こうした国家・社会システムは、個性の発露である独創的な着想や新たな価値体系の創造、多様な価値観を有する人々の有意的共生を図り、未曾有の事態への対応力を備えつつ、冷戦構造の終焉や驚異的な情報技術革新等に伴って加速的にグローバル化の進展する国際社会にあって十分な存在感を発揮していく上で、決して第一級のものとは言い難い。」という厳しい認識が示されていた。『意見書』は、その克服に向けた重要かつ広範な提言であった。
4　たとえば、川嶋四郎「民事司法制度改革の行方―近時における民事司法改革の軌跡とその課題を中心として」法政研究（九州大学）71巻3号389頁（2005年）、『司法制度改革概説①〜⑧』（商事法務、2004〜2005年）などを参照。さらに、法整備支援の領域における展開については、国際協力機構編『世界を変える日本式「法づくり」―途上国とともに歩む法整備支援』（文藝春秋、2018年）などを参照。
5　法科大学院制度の現状については、たとえば、川嶋四郎「日本における近時の『法科大学院問題』に寄せて―タマナハ『アメリカ・ロースクールの凋落』との出会いを機縁として」『現代日本の法過程〔宮澤節生教授古稀記念論文集〕（上）』251頁（信山社、2017年）など

を参照。

6　それを一覧できる資料として、たとえば、法律時報・法学セミナー編集部編『法律時報増刊・シリーズ司法改革Ⅰ〔法曹養成、ロースクール構想〕』345頁以下（日本評論社、2000年）、同『法律時報増刊・シリーズ司法改革Ⅱ〔裁判を変えよう、『中間報告』応用編〕』278頁以下（日本評論社、2001年）などを参照。

7　『意見書』は、法曹を「社会生活上の医師」と位置づけた。その医師との比較で考えれば、医学博士の称号は、通例医師になった後に研究論文によって付与される。医学の世界には、「医務博士」の称号はない。医学の世界が、理論と実務の架橋あるいは統合にある程度成功しているように思われるのに対して、法学の領域では、理論と実務の乖離は否めない。今後、法学部（法学系学部）と法科大学院との統合が、学部レベルに「法曹コース」が設けられることによってどれだけ促進されるかも予断を許さない。

8　さらに、法律実務ならば、裁判所書記官や弁護士事務所職員の方が、より精通しているようにも思われる。法科大学院の修了後の学位に関する「国際的通用性」をも勘案した学位は、英語表記においてのみ意義があるのかもしれない。ただし、たとえばアメリカ人の目には、日本におけるJD相当者の数とAttorney at Law相当者の数とのアンバランスはどのように映るのだろうか。

　ちなみに、現在の「博士（法学）」の称号は、課程博士でも論文博士でも、基本的に変わりがない。しかも、現在の日本の大学では、大学や教授の基本スタンスにより、また、専門分野により、博士の学位取得の難易に著しい差異があり、しかも、付与後に学位論文の全文が公表されていないケースも、少なからずみられる。この点だけでも、国際化にはほど遠い現状であろう。批判可能性（反論可能性）という機会の提供は、自然科学・社会科学を問わず、学問が拠って立つ基礎だからである。

9　裁判官の身分は、憲法で保障されている（憲法78条・79条参照）ことから、その地位の取得過程の課題でもある。

10　日本の場合には、『意見書』に基づき裁判員裁判の制度が導入された結果、刑事裁判の領域では、裁判官が一般市民と共に裁判を行う公式の機会が創造された。それは、一般市民が裁判官と同一レベルで裁判に参加する機会の形成である。これは、裁判員裁判における審理判断過程において、裁判官が絶えず市民感覚によって試される機会が、裁判所内に創られたことを意味する。しかし、民事裁判の領域では、一般市民の司法参加の機会は必ずしも多くはない。労働審判や民事調停・家事調停など、非訟手続の領域でごくわずかに存在するにすぎない。民事参審制や民事陪審制をもつ国との懸隔は大きい。川嶋四郎「民事訴訟における市民参加の可能性─労働審判・民事調停等の手続実践を踏まえて」陪審裁判を考える会編『民事裁判への国民参加』（日本評論社、2019年〔近刊〕）所収を参照。

11　私は、それを「救済志向の民事訴訟法学」と呼んでいる。たとえば、川嶋四郎『民事訴訟法』1頁（日本評論社、2013年）などを参照。

12　なお、在外研究の機会の保障も、法学研究者の国際的な視野での活躍の機会を開くために重要であるが、国立大学法人の場合には、その機会も以前と比べて減少したようである。たとえば、国策による教員ポストの段階的な召上げ、優れた教員の教授昇任の機会の剝奪・遷延化や任期付教員のポストの設置など、国立大学法人をめぐる学問の状況は厳しい。私立大学の場合も、状況は似ている。

13 なお、学会の国際化も課題であろう。その民主的な運営は当然の前提である。また、少なくとも民事訴訟法学会では、研究者養成がほとんど考慮・評価されていないようであるが、再考すべきであろう。ただし、ドイツ人やアメリカ人民事訴訟法学者を「名誉会員」にするさいには、日本人研究者数名の受入でさえ、高く評価されているようである。
14 実定法学に関する研究者養成を、法科大学院を経由した大学院生に限定することは、その者が法科大学院の担当教員になる可能性を有する存在であることなどを理由に、合理的な面をも有していた。しかしそれは、同時に、様々な要因から、研究者への道を限定することにつながり、その結果、養成される研究者数を減少させることにもつながったと考えられる。たとえば、民事訴訟法領域の科目は、学部レベルでも置かれているのである。しかも、比較法などの軽視あるいは等閑視などがみられれば、日本における民事訴訟法研究者の特質であった、法比較に基づきあるいは歴史に遡った重厚で奥深い研究の衰退をもたらしているのではないかとの不安も禁じ得ない。
15 川嶋四郎「民事訴訟法学への郷愁とささやかな希望」書斎の窓 646 号 25 頁（2016 年）参照。なお、同『公共訴訟の救済法理』i 頁（有斐閣、2016 年）も参照。なお、この文脈では、中島みゆき「世情」同『愛が好きです』150 頁（新潮社、1982 年）も参照。
16 その詳細については、法政研究（九州大学）66 巻 4 号 1559 頁以下（2000 年）を参照。
17 以上については、川嶋四郎「日本の法科大学院創設に寄せて」同『アメリカ・ロースクール教育論考』262 頁以下（弘文堂、2009 年）を参照。
18 その具体例として、たとえば、川嶋四郎「ロースクールの現在と未来」同・前掲書注(17)43 頁で紹介した、ニューヨーク大学のジョン・セクストン教授の論文（特に、同書 51 頁以下）を参照。
19 なお、『意見書』は、法科大学院の制度設計における理念として、「法科大学院の設置については、適正な教育水準の確保を条件として、関係者の自発的創意を基本にしつつ、全国的な適正配置となるよう配慮すること」をあげていたが、日本政府の「地方創生」の喧伝が、多くの地方の現状、とりわけ「限界集落」などといった無慈悲な言葉が臆面もなくまかり通る現代社会においては空しく響くのと同様に、法科大学院の適正配置も、すでに過去のものとなりつつある。その意味では、アメリカの第 3 類型のロースクールのもつ法曹養成の役割さえ十分に演じられているかについてさえ、日本では疑問がある。
20 法科大学院制度の創設前における予言的な論考として、Koichiro Fujikura、Reform of Legal Education in Japan: The Creation of Law Schools without a Professional Sense of Mission, 75 Tulane Law Review, 941（2001). この論文については、川嶋・前掲書注（17）242 頁以下を参照。
21 この点については、チャールズ・ディケンズ（青木雄造＝小池滋訳）『荒涼館 4』389 頁（筑摩書房、1989 年）参照。
22 この点に関しては、川嶋四郎『日本人と裁判』97 頁以下（法律文化社、2010 年）を参照。ちなみに、これまでの一連の流れをみた場合に、戦前戦中の軍事政権や政府、満蒙開拓団、サハリン棄民、関東軍などの連想さえ禁じ得ない。
23 要するに、法律家とは、すべての人達にできるだけ広く社会的諸価値を分配すべしとするデモクラシーの目標に反対であるか、その実現を遅らせるような人格的特徴をもったグループであるというワイローチの指摘が、改めて想起されるのである。これについては、新堂幸司「ワイ

ローチ『法律家達の人格』』同『民事訴訟法学の基礎』3 頁、4 頁（有斐閣、1998 年〔初出、1965 年〕）を参照。
24 なお、司法試験委員による問題漏洩事件（明治大学法科大学院・青柳幸一事件）や不正行為事件（慶應義塾大学法科大学院・植村栄治事件）なども、決して忘れてはいけない恥ずべき瀆職行為を含む。
25 川嶋・前掲書注（17）271 頁参照。
26 声の大きな研究者や政治的な圧力によって設けられたとしか考えられない司法試験科目の数の多さも疑問である。受験生の身になってその負担を考えるべきである。私見では、試験科目は、憲法、民法、刑法、民事訴訟法および刑事訴訟法の 5 科目だけで十分ではないかと考えている。選択科目は不要である。それらの試験科目以外の科目は、法科大学院における受講と学修によるべきであろう（この議論は、予備試験の廃止を前提としている。）。なお、弁護士会の責任も否定できない。この点に関しては、斎藤義房＝川嶋四郎「対論：弁護士報酬の敗訴者負担制度の真意はなにか」カウサ 10 号 81 頁（2003 年）なども参照。

　ちなみに、平成 30 年度の国家試験の結果について、たとえば、医師国家試験では、合格率が最も低い大学でも、70％ 以上（全体の合格率は、89％）であるのに対して、司法試験では、最も合格率が高い大学でも、60％（ただし、受験者 5 名で合格者 3 名の大学である。司法試験で 10 名以上の合格者を出した大学のなかで最も合格率が高い大学でも、60％ に届かない。全体の合格率は、29％ 程度）にすぎない。医師国家試験では、最も合格者数が少ない大学でも、74 名の合格者を出している。国家試験とはいえ、日本の司法試験が、国際的な評価に耐えうるものか否かは疑問である。
27 同志社大学法学部・大学院法学研究科の例としては、https://law.doshisha.ac.jp/attach/page/LAW-PAGE-JA-130/109274/file/41e96ee6c38709adc5d872fb77c07cdd.pdf および https://law.doshisha.ac.jp/attach/page/LAW-PAGE-JA-130/109275/file/6afb55e117f9a273cf08da07f5e392c6.pdf を参照。
28 さらに、たとえば、泉徳治ほか『一歩前へ出る司法―泉徳治元最高裁判事に聞く』324 頁（日本評論社、2017 年）も参照。
29 先に述べたように、『意見書』では、法曹を「社会生活上の医師」に準えた。名医は「国手」と呼ばれる。それは、国を医する名手をいう。原典（『春秋外伝』）では、医者が国王の病を治したのでこのように言われるようになったようであるが、民の診療や治療に当たる医師が国手とされることは意義深い。日本において、21 世紀中に、法曹も国手と呼ばれる日が来るのだろうか？
30 なお、日本司法の国際化、さらには、その国際標準化は、民事司法の領域では、「正義へのアクセス」の課題とも関わる。たとえば、M. カペッレッティ＝ B. ガース（小島武司訳）『正義へのアクセス―権利実効化のための法政策と司法改革』193 頁（有斐閣、1981 年〔原著、1978 年〕）、川嶋四郎「『正義へのユビキタス・アクセス』の一潮流―シンガポール裁判所の 21 世紀」『民事手続における法と実践―栂善夫先生・遠藤賢治先生古稀祝賀』21 頁（成文堂、2014 年）などを参照。

グローバル化と法学教育
―名古屋大学大学院法学研究科リーディングプログラムを題材に―

横溝 大（名古屋大学）

1. はじめに
2. 名古屋大学大学院法学研究科におけるリーディングプログラムの取組
3. 意義と問題点
   (1) 意義
   (2) 問題点
4. おわりに

1. はじめに

　本稿では、社会のグローバル化に対応した法学教育のあり方について、筆者の所属する名古屋大学の例を紹介しつつ、若干の考察を行う。

　所謂社会のグローバル化への対応として、法学教育を改革し新たな目標・方法を追求する必要性が、我が国に限らず各国においてしばしば説かれるところである。例えば、国際的に活躍すべく、国際租税法や国際投資法といった専門分野の知見を有する法律家の育成を大学は目指すべきであるとか、大学は学生の比較法的視点・実務的感覚・学際的関心を発展させるよう心掛けるべきであるといった主張がなされている。

　確かに、社会変化に伴い法学教育も変革されるべきではあるが、各国の社会的・経済的・文化的背景が異なる以上、その態様は国毎に異なり得るし、また、各大学の現状（人的・経済的資源、評判、専門性等）にも大きく左右される。従って、あらゆる大学に当てはまるような普遍的な解決策は存在しない。換言すれば、

グローバル化に大学がどのように対応すべきかという問題は、各大学の置かれている文脈に応じて、個別的に論じるべき事柄であるように思われる。

日本について言えば、国内市場の十分な大きさからして、日本法に精通する人材に対する社会の需要は大きいし、今後もそうであろう。従って、（とりわけ地方にある）多くの大学が日本法を中心とした教育を提供し続けることには十分な理由がある。すなわち、各大学が、グローバル化に対応した新たな法学教育を導入すべきかどうかという問い自体、その答えは決して自明ではないのである。

以上を前提とした上で、本稿では、筆者の所属する名古屋大学大学院法学研究科における大学院教育の取組として、同研究科が「文部科学省博士課程教育リーディングプログラム（オンリーワン型）」として提供した「法制度設計・国際的制度移植専門家の養成プログラム」[1]（以下、「リーディングプログラム」とする）について、若干の紹介・考察を行う。同研究科は、1990年代後半からアジア諸国に対する法整備支援事業に取り組んでおり、アジア各国に設置した「日本法教育研究センター」における日本法教育や[2]、「キャンパス・アジア」[3]「キャンパス・アセアン」[4]等の交換留学プログラム、また、留学生を主たる対象とした「国際法政コース」における英語による法学教育等、国際化に対応した様々なプログラムを提供している。大学院には、約150名の留学生が在籍しており、法科大学院を除く日本人大学院生に対して圧倒的多数を占めている。このように、同研究科では、既に国際化路線は一定程度軌道に乗っており、現在は、日本人・留学生を対象とした教育プログラムの更なる充実が課題となっている。このような状況において、新たな法学教育の構想の下に提供されたのが、2012年から開始された上述のリーディングプログラムである。筆者は、同プログラムの担当教員の一人として、開始当初から現在までその遂行に深く関って来た。同プログラムを紹介し、その意義と問題点を考察することは、同様にグローバル化に対応した法学教育の導入を目指す他大学の関係者を始め、この問題を考える者にとって一定の参考になるものと信ずる。

以下では、同プログラムを簡単に紹介した上で（2.）、その意義と問題点を考察し（3.）、結語として、今後の展望について若干述べる（4.）。

2. 名古屋大学大学院法学研究科におけるリーディングプログラムの取組

「博士課程教育リーディングプログラム」とは、文部科学省による支援、日本学術振興会による審査・評価の下、「優秀な学生を俯瞰力と独創力を備え広く産学官にわたりグローバルに活躍するリーダーへと導くため、国内外の第一級の教員・学生を結集し、産・学・官の参画を得つつ、専門分野の枠を超えて博士課程前期・後期一貫した世界に通用する質の保証された学位プログラムを構築・展開する大学院教育の抜本的改革を支援し、最高学府に相応しい大学院の形成を推進する事業」である[5]。名古屋大学大学院法学研究科のリーディングプログラムは平成23年度にオンリーワン型[6]として採択されたプログラムの一つであり（代表は松浦好治教授[肩書は当時]）、法学分野から唯一採択されたプログラムである。以下、同プログラムの概要を簡単に紹介しよう[7]。

同プログラムは、日本／外国という仕切りに捉われることなく、世界を自由に往来して問題分析・整理、組織統括、社会のニーズへの対応能力、紛争処理能力等の実践能力を発揮できるリーダーを、制度の国際移転の現場（法整備支援プロジェクトなど）を活用して育成することを目的とする。活躍の場面としては、外国に展開する企業における組織運営、法整備支援現場での業務統括、国際支援機関でのプランニング、外国政府の顧問、国際機関への就職等を想定している。より具体的には、以下のような能力を備えた専門家の養成を目指している。

1) アジアに強い関心を持つ[8]。
2) 柔軟な精神で、多様な社会を理解し、比較することが出来る。
3) 制度移植の場面で、きちんと機能する適切な制度を設計し、提案することが出来る。
4) 他の人々や専門家たちとコミュニケートすることが出来る。
5) 多様な背景を持つ専門家のチームを組織し、運営することが出来る。
6) 法令の起草を含めた高度の法的技能を持つ。

その他、語学力の面では、英語プラス1（アジア言語）の習得を求めている。

　上述の目的を達成するため、同プログラムは主として以下のような授業を提供して来た[9]。使用言語は英語であり、期間は、博士前期課程（修士課程）2年、博士後期課程（博士課程）3年の5年間である。また、近時の変更（後述）以前は、法学又は政治学の学士取得者を対象に書類選考・現地面接による入試を独自に行っていた。

1) アカデミック・ライティング：アジア諸国からの留学生に対する教育経験を基に、ネイティヴ・スピーカーを含む特別チームの指導により、英語での研究論文執筆に関する1年半のコースを提供。
2) ジョイント・リサーチ・ワークショップ：比較法・比較政治に関する2つの導入科目の後、アジア各国における喫緊の課題に関するテーマについて1年間の共同研究を行わせるもの。例年2月に当該分野に関する専門家数名を招聘して国際会議を開催し、彼らの前で成果を共同で報告しフィードバックを得ることが課されている。具体的には、春学期において、「環境」「高齢化」「都市開発」といった大きなテーマを与えた上で、春学期終了時までに具体的なテーマを決定すると共にその研究計画を作成させ、秋学期において当該計画を遂行させる。研究遂行の過程では、現地調査や関係者へのインタビューも行わせる。
3) インターンシップ：自らの研究テーマと関連する海外の機関において、2箇月間のインターンシップを行うことが求められる。
4) オン・ディマンド講義・セミナー：学生は、自らの研究のためにゲスト・スピーカーを招聘し、1・2週間の講義又は演習を開講して貰うことが出来る（但し、そのためには、講義・演習の目的や意義を示した申請書の提出が求められ、リーディング運営委員会による承認が必要）。
　その他、博士後期課程の学生には、専門家を招聘し自ら国際ワークショップを企画することが求められている。

1学年の定員は10名であり、学生は、中国、台湾、タイ、スリランカ、マレーシア、ウズベキスタン、ポーランド、ガーナ、フランス、日本といった様々な国の出身者で構成される。ジョイント・リサーチのテーマとしては、これまで、フィリピンにおける鉱山開発問題[10]、ブータンにおける水資源の問題、タイにおける濫漁問題、インドにおけるスラム街問題、カンボジアにおける都市開発のための強制退去問題、ベトナムにおける地方在住の女性高齢者問題が扱われて来た。インターンシップは、国連国際商取引法委員会（UNCITRAL）のアジア太平洋地域センター（RCAP）（仁川）、私法統一協会（UNIDROIT）（ローマ）、世界銀行（ワシントンDC）等で行われた。オン・ディマンド講義・セミナー等としては、Jacques de Werra教授（ジュネーヴ大学・知的財産法）、Guido Smorto教授（パレルモ大学・比較私法）を始め、様々な国から多くの研究者・実務家を招聘した[11]。2018年9月の段階で同プログラムを修了し博士の学位を取得した者は、5名である。

3. 意義と問題点

既に述べた通り、筆者は同プログラムに深く関っており、客観的に評価することが出来る立場にはないが、そのことを十分承知した上で、敢えて同プログラムの意義と問題点を述べてみたい。

(1) 意義

リーディングプログラムの意義は、何よりも先ず、研究者養成以外の法学教育のあり方の一例を示した点にある。従来、法学研究科の大学院教育は、研究者養成を目的に行われており、研究者以外の将来を希望する者に対応していなかった。同プログラムは、社会の様々な機関において活躍出来るリーダーの育成を目的とした点に特徴があり、より具体的には、様々な背景を有する者と協働しながら、一定の課題について、一定の期間において解決のための提言を示すことが出来る人材（そのためには、問題分析・整理、組織統括、社会のニーズへの対応能力、

紛争処理能力等の実践能力を身に着けることが求められる）の育成を目指した点に意義がある。上述した授業の中でも、とりわけジョイント・リサーチ・ワークショップは、そのような人材育成の手法の一つとして、国際的にもユニークな試みであると言うことが出来よう。実際にも、同プログラムにおいて博士課程を修了した学生は、高いプレゼンテーション能力や交渉能力、異なる文化的背景を有する者とコミュニケーションを取る能力を身に着け、何よりも、法が実社会の中でどのように機能しているかという点への高い関心を持つようになったように思われる。名古屋大学の法学研究科が法整備支援を主たる特徴の一つとして来たため、同プログラムはアジアまた法制度移植をテーマとしているが、上述のような授業の手法は、他のテーマに関しても役立つことだろう。

また、同プログラムは、異なる背景を有する個性的な学生を指導する機会、及び、学際的なアプローチに対する関心を高める機会を提供するという点で、教員側にとっても有益であるということが出来る。さらに、インターンシップのための学生の派遣や研究者・実務家の招聘を通じて法学研究科が国際的なネットワークを広げることが出来た点も、同プログラムの意義として挙げることが出来よう。

(2) 問題点

一方で、同プログラムには、今後改善されるべき問題点も幾つか見受けられるし、外部から指摘された問題、対処せねばならない課題もある。これらの点について若干述べてみよう。

第一に、論文指導の困難が指摘出来る。同プログラムにおいては、修士論文と博士論文の何れについても、学生は、論文の構成やテーマを扱う際の視点の設定といった点に大きな困難を感じるということがしばしばある。最初に良くあるパターンは、現実社会におけるある問題について現状を説明した上で、法的問題点についての分析・検討を欠いたまま、一足飛びに解決のための提言を示そうとするものである。だが、問題の所在と提言との間に、法的分析・検討を行うことの必要性を指摘しても、容易に改善されない場合も経験上少なくない。

このような問題が生じるのは、同プログラムでは、学生が社会におけるグロー

バルな喫緊の課題を研究対象に選び、その解決策を検討しようとすることから来ているように思われる。指導する側にとってとりわけ問題なのは、リーディングプログラム所属学生が博士論文執筆に際し実際に選んだ「パブリック・プライベート・パートナーシップにおける持続的発展－トランスナショナル・ローの視点から」「グローバルな土地収奪に関するトランスナショナル・ローからの検討」といったテーマが、様々な法学・政治学の分野に横断的に関っており、指導教員の専門とする法分野における従来の方法論に依拠した指導を行うことが出来ない点である。学生は、夫々のテーマに副った適切な研究方法を自ら見つけねばならず、この点に、論文執筆上の大きな困難がある。この点については、複数の指導教員による指導体制をさらに実質化して行くことの他、個々の教員が、グローバルな課題についての学際的な研究に関し、自らの経験を増やして行く必要があるだろう。

　第二に、第一の問題とも関係するが、論文に関する評価の困難さが指摘出来る。論文においてリーディングプログラムの学生が用いる学際的な方法論（簡単に言えば、ある現実上の課題について、その解決のために分野横断的な検討を行うもの）について、その評価が必ずしも審査委員間で一致しないばかりでなく、時には相当程度分かれることがある。とりわけ、同プログラムに携わる教員と同プログラムを直接担当しない教員（法学研究科の教員は誰でも審査委員になり得る）との間の評価に大きな差が感じられる。この点については、同プログラムの趣旨・目的を教員間で共有していく必要があろう。

　その他、外部評価においてしばしば指摘された問題として、日本人学生の少さという点がある。例年日本人学生は、1・2名しか在籍しておらず、大多数の学生が海外からの留学生であることは確かである。だが、同プログラムは新しいプログラムであり、一定数の卒業生が出て社会で活躍し将来の可能性を示す前に日本人学生の増加を期待するのは無理というものだっただろう。それに、そもそも同プログラムは日本人学生のみを対象としたものではない。同プログラムの趣旨・目的からすれば、日本人学生の多寡は問題とならないだろう。また、将来、グローバル化に対応した法学教育を日本の大学が提供しようとする際、日本人学生を中心的対象とし続けるべきかどうかは一つの問題であろう[12]。

最後に、現在における喫緊の課題として、今後の予算を如何に確保するかという問題がある。同プログラムは、所属学生に対し毎月一定額の助成を行うと共に、事務処理のために複数の事務補佐員を、また、学生の指導や授業のために、最大5名の特任教員を雇用していたが、文部科学省からの支援が開始後6年で終了すると共に、金銭的困難に直面することとなった。学生への助成も、また、事務補佐員・特任教員の雇用も出来ない状況で如何にして同プログラムを続けて行くかについて相談した結果、既に奨学金を得て本研究科の国際法政コースに入学した留学生の中から、希望者が選択し特別の修了認定を得ることが出来る特別コースとして同プログラムを設計し直すこととなった。そこでは、ジョイント・リサーチ・ワークショップは残されたものの、オン・ディマンド・セミナーは廃止され、インターンシップは予算上の目処が立った場合に選択的に行われることとなる。このように、そのエッセンスは残した上で規模を大きく縮小したわけであるが、それでも、実地調査のための学生の派遣費や、国際会議のための専門家の招聘のための予算の捻出に苦労している。これらの活動のための予算を安定的に確保することが、現在の大きな課題である。

4. おわりに

以上、簡単にではあるが、名古屋大学大学院法学研究科の提供するリーディングプログラムを紹介し、その意義と問題点について考察した。グローバル化の下での法学教育のあり方を考察する者にとって、一定の参考になることを願う。

現在、我が国では折に触れ法学教育のグローバル化が奨励されているが、日本の大学の幾つかがそのような途を選択した上で、世界各国の大学の中でその存在意義を示すためには、我が国ならではの独自性を示す必要がある。リーディングプログラムはそのような試みの一つと言えるが、同プログラムの内容は、外国の大学においても採用することが可能であり、独自性を示すには未だ不十分であるように思われる。思うに、日本は、一方において、アジアにおいて西洋法継受について最も長い経験を有していると共に、他方において、アジア各国の社会と法に

ついても、これまでの比較法・法整備支援の経験により、一定の知見を有している。日本の置かれたこのような状況を踏まえ、西洋法とアジア法との相互理解を深めるための結節点、謂わば「東西を繋ぐ架け橋」として日本の大学を位置付け、欧米・アジア双方からの研究者・学生が交流する拠点とすることは出来ないだろうか。そのためにどのようなカリキュラムを編成し、どのような人材が必要か。これらの点について構想を練ることを今後の課題として筆を擱くこととしたい。

注
1 「名古屋大学大学院法学研究科　法制度設計・国際的制度移植専門家の養成プログラム」、at http://www.law.nagoya-u.ac.jp/~leading/（最終確認日：2019 年 4 月 29 日 [以下同様]).
2 「日本法教育研究センター」、at http://cjl.law.nagoya-u.ac.jp/.
3 「キャンパス・アジア」、at http://www.law.nagoya-u.ac.jp/~campusasia/.
4 「キャンパス・アセアン」、at http://wwwgsp.soec.nagoya-u.ac.jp/.
5 文部科学省「博士課程教育リーディングプログラム」、at http://www.mext.go.jp/a_menu/koutou/kaikaku/hakushikatei/1306945.htm.
6 リーディングプログラムには、「オールラウンド型（オールラウンドリーダー養成）」「複合領域型（複合領域リーダー養成）」「オンリーワン型（オンリーワンリーダー養成）」の 3 つの類型があり、このうち「オンリーワン型」とは、「新たな分野を拓くリーダーを養成するため、世界的に独自かつ当該大学で最も国際的優位性ある学位プログラムの構築」を目指すものである。「平成 23 年度 博士課程教育リーディングプログラム 公募要領」3 頁、at http://www.mext.go.jp/a_menu/koutou/kaikaku/hakushikatei/__icsFiles/afieldfile/2011/06/15/1307350_01_1.pdf.
7 以下の紹介は、基本的に前掲（注 1）による。
8 この目標は、名古屋大学大学院法学研究科がアジア諸国に対する法整備支援等の活動を行って来たことの延長として置かれたものと言うことが出来よう。
9 以下に述べるものの他、プロジェクト・マネージメントや法整備支援に関する授業が開講されている。尚、平成 29 年度（2017 年度）に文部科学省からの支援が終了した後（後述）、カリキュラムは変更・縮小され、オン・ディマンド講義・セミナーは廃止されることとなった。ここでは、支援終了前に提供されていた授業を示す。
10 この共同研究の成果は、名古屋大学法政論集で公表されている。Jacek Kozikowski/Otabek Narziev/Naoyuki Okano/Sakae Suzuki/Jena-Isamu Taguchi, "The Final Report of the Joint Research", *Nagoya University Journal of Law and Politics*, No. 258 (2014), p.289, at http://ir.nul.nagoya-u.ac.jp/jspui/handle/2237/20951.
11 これらの活動については、「新着・イベント情報」、at http://www.law.nagoya-u.ac.jp/~leading/news.html.
12 九大 LL.M. がそのターゲットを外国人留学生においており、日本人修了生が限られていることについて、五十君麻里子「九州大学におけるグローバル・ローヤー育成の 22

年とこれから　多様性の中の普遍性を求めて」山本元＝横山美夏＝髙山佳奈子編著『グローバル化と法の変容』（日本評論社・2018年）251頁、254頁。

タマサート大学法学部英語コース（International LLB）で教えて考えたこと

吾郷眞一（立命館大学教授）

1. はじめに
2. 学部授業を英語で？
3. 渡航しないで留学
4. 法曹資格がないロイヤー
5. ドル箱
6. おわりに

1. はじめに

　王宮（エメラルド寺院）前広場（サナムルアン）に面し、それとチャオプラヤ川に挟まれたところにタマサート（正式にはタンマサートと表記する方が正しいらしい）大学タープラチャン・キャンパスがある。大学の象徴である塔がある川縁の本部ビルを正面とすると、グランドを囲むようにしてその後方に文系学部が並び、ひときは大きい緑色の屋根の講堂が王宮前広場の前にそびえている。そちら側の門から入ったすぐのところに、1973年の学生・市民運動の弾圧被害者を追悼する像がならんでいるところに、この大学の歴史が刻まれている。その記念碑の後ろにある、中庭を挟んで4階建ての校舎が、タイで一番古いとされているタマサート大学法学部であるが、現在は大学院と、以下で述べる学部英語コースの学生だけが学び、通常の学部学生は、車で1時間ほどの距離にあるランシット・キャンパスに通っている。

　私は、この学部と永いつきあいがあり、10年ほど前には客員教授として半年間

滞在したこともある。その後も、毎年必ず訪ねているので、このキャンパスにはなじみが深い。タイにはタマサートと並ぶライバル校としてチュラロンコン大学があり、実は私はそちらでもほぼ20年間、毎年2週間ほど集中講義をしてきているので、そちらとの関係も深いのだが、なぜか親しい友人はタマサートに多く、授業や研究の後、チャオプラヤ川に岸辺のレストランでシンハ・ビールを飲みながら歓談するのが、とりわけ心地よい。それに、舟で大学にたどり着けることもまた良い。キャンパス名タープラチャンのターは船着き場の意味で、急行便がとまる対岸のターワンランから3バーツ（10円くらい）払って渡し船で渡ってこないといけないが、少し下流に下がったところにターチャンという急行便もとまる王宮前船着き場があるので、通常はそちらを利用する。市中心部からモノレールを使うと15分くらいで着くタータクシン中央船着き場から30分ほどの航行で、途中観光名所（特に、暁の寺として有名なワットアルンは美しい）を通過しながらターチャンに着き、シラパコン国立芸大を横目に見ながら、仏具小物店が軒並み続くアーケードを通り抜ける通学路は、毎日退屈しない。

　このタマサート大学で今年（2019年）の2月から3月にかけて、合計24時間（タイでは一コマが3時間なので8コマ）学部英語コースで国際労働法の講義を行った。タイ人教員がタイ労働法を8コマ行い、合わせて48時間、3単位の授業になる。この英語での学部課程というのは、グローバル化と法学教育という観点で大変興味深いものなので、ご紹介したいと思う。

2. 学部授業を英語で?

　タマサート大学法学部のホームページに行くと、応募者への働きかけ文として次のような説明がなされている。「国際貿易と投資のますますのグローバル化に押され、国際ビジネスの共通言語である英語で仕事ができる法律専門家が求められてきている。この地域の機構であるアセアン経済共同体にとってもそれは重要なことである。国境を越えた貿易の展開を視野に入れるならば言語の相違が貿易障壁となることは明白である。そこで本学としては、そのような要請に応えられる人材を

育成するために学部での英語コースを導入することにした。」

非英語国でありながら英語の授業を行うことは珍しいことではない。そもそも、私の前任校の九州大学では、日本で初めて法学修士号を英語だけの授業で与えることを先駆的に始め、先に触れたチュラロンコン大学の LLM in Business Law プログラムは、九大のものに触発されたものであった。欧州の多くの大学が、（あの仏語帝国主義のフランスですら）英語コースを導入していることもよく知られているが、それらはほとんどが大学院レベルであって、学部で英語コースを開講しているところはあまり知らない。私が博士課程を修了したジュネーブ大学高等国際問題研究所（IUHEI）という英仏併用のところも、大学院であり、ジュネーブ大学法学部には英語コースはない。そもそもその国の民法とか刑法を外国語で勉強する意味がどれだけあるのか、法はいたってドメスティックなものなので、外国語で自国法を勉強することは一般的には意味が無いと考えられている。九州大学で英語修士コース（後には英語博士コースも）を導入した際も、その試みは大学院レベルだけであって学部を英語化することは無理でもあるし、無意味であるとの共通認識があった。日本法を外国語で教えるための教材もないし、教える技能を持った教員がきわめて少ないということのみならず、日本の実体法、手続法を外国語で学ぶ意味が全くないのである。日本で法曹になるためには、司法試験を受けなくてはならず、それは日本語でしか受けられない。また、法曹にならずに官庁や民間に就職する法学部卒業生にしても、日本語での法律用語を知らないでは法律専門家としての仕事ができないのだから、外国語で日本語を学びたいという需要が無いことはいうまでもない。

それをタマサートではやろうというのだから、初めてそれを聞いたとき耳を疑った。九州大学でも、大学院の英語コースのいくつかの授業を学部の授業としても開講しているし、他の日本の法学部でも、特に英米法の授業を外国人教員が英語で行うという例は多く見かける。しかし、それはあくまでも特別であり、つまり、前者は交流協定に基づき留学してくる学生がロースクールでなく学部生である場合（シンガポール大学法学部がその典型）、その受け皿にならなくてはいけないからであり、後者はあくまでも選択科目の一つとして、半ば英語の勉強もかねて、特

別に置かれているのである。それをいわゆる六法科目を含むすべての科目に広げて、英語だけで授業を行い、学士号を授与しようというのだから、驚きである。それは、タイで英語コースLLMプログラムを先駆的開始したチュラロンコン大学も驚いたに違いないと思い、同大で英語コースを導入した責任者にタマサート大学の試みについての感想を聞くと、考えてみたことはあったが、とうていできないと思ったということであった。

　今回、実際にそのタマサート大学法学部英語コースで教えてみて、なぜそれが可能であるかが分かった。これを可能にするためにはタイの特殊事情がある。これはそのまま他の国には当てはまらないもので、同じことを例えば日本でやってみたとしても学生が一人も集まらないであろうことは明白である。タイの特殊事情とは言え、そこにはグルーバル化対応という大きい要因が背後にあることも否定できないのであって、日本のこれからの法学教育にも一つの示唆を与えてくれる。

3. 渡航しないで留学

　まず、タイの特殊事情とは、第一に外国語特に英語に対する親和性の高さである。一般的なタイ人は、日本人と同じように外国語がそれほどうまくはない。しかし、外国語、特に英語ができることは単純に利点として評価される。日本では、日本語が達者な外国人を「変な外人」と呼ぶように、英語がぺらぺらな人は「変な日本人」なのである。したがって、バンコクには多くの英語での小・中等教育機関があり、かなりのタイ人が子供達をそこに送り込んでいる。インターナショナルスクールというと、たいていは中・短期滞在型の外国人（いわゆるexpatriates）家庭の子供達が行く学校というイメージであるが、バンコクにはタイ人生徒が大多数であるというインターナショナルスクールもある。そこの卒業生の多くは外国の大学に進学するのだが、今回のタマサート大法学部英語コースは、まさしくそれらの人たちの受け皿になった。タマサート大学は名門なので、名も知れぬ外国の大学に行くよりも良いし、留学する費用を考えれば安くあがるので、親にとっては子供を国内にとどまらせるというインセンティブが働いた。

この最後の点は、チュラロンコン大学が英語修士コースを開設したときにも背景となった事情である。1990年代後半のアジア通貨危機は、子供達を海外に留学させようとしていた家計にとって大打撃だったため、タイに居ながらにして海外留学と同じことができるという謳い文句のチュラロンコン大学 LLM (Business Law) プログラムは時宜を得て、最初の数年は（毎年30人程度の）高い受入数を記録した。このコースの特色は、カナダのビクトリア大学、ブリティッシュコロンビア大学、米国のワシントン大学（シアトル）、そして九州大学と協定を結び、それぞれの大学から講師が数週間の長さで派遣されて、全科目の半分ほどの授業が提携校の教授陣によって行われるという点にあった。まさしく、国内に居ながらにして留学と同じ効果を持つもの、ということができた。卒業証書には提携4大学（後に加わったワシントン大学を含めると5大学）の校章が印刷され、すべての学部長のサインが入っている。もっとも、タマサート大学が数年前から英語による修士課程を開始すると、教員を国内だけで賄うため学費を低く抑えられたこともあり、チュラロンコン大学英語修士プログラムはかなり入学者数が減少した。

4. 法曹資格がないロイヤー

　特殊事情の第二は、タイでは、法曹資格をもたなくても法律家として働くことができるという点である。日本ほどでないにしても、タイの司法試験は易しくはない。それに合格するためにはやはりタイ語で自国法を勉強していないと不利である。本英語コース卒業生が（といってもやっと第一期生が卒業していったばかりなので）、どれだけ司法試験に受かったかの統計がまだ出ていないというが、在学生の中には明らかに司法試験を目指している者もいるし、そのためにある程度タイ語での補助的サービスも行っているという。しかし、大半の学生は法律事務所で法廷弁護士の資格を持たないままロイヤーとして働くか、一般企業に就職するかであるという。法曹資格を持たなくても、法律家として働くことができるという環境は日本とは全く違うので、学部英語コースの存在理由は納得できる。日本でも、司法試験に合格しなかったロースクール修了者たちの受け皿として、行政レベルや企業レベルでの

パラリーガルの職種を開発しなくてはという意見はあるが、まだあまり実現していない。タイでは、その様な職種がすでに一般的に存在しているということである。そして、タマサート大学学部英語プログラムの案内に謳われているように、アセアン経済共同体の発展は、英語で仕事ができる人材需要を大きくしているのである。アセアン諸国の中で英語を母国語（あるいはそれに近い）としている国はシンガポールとフィリピンしかないものの、共通語は英語である。EUのようにすべての会議で、審議や資料がすべての言語に翻訳されるという手間は省かれている。したがって、これから統合の程度が高くなると予想されるアセアン経済共同体内で仕事をするには、英語能力は欠かせないのである。その点、まだ日本は国内だけで完結する経済活動の幅が広いので、それほど英語能力への需要が大きくはなっていないところに、英語化への力が大きいものとならない宿命がある。

5. ドル箱

　第三の特色は、これは、日本にも共通するところであるが、学生数の確保という経営上の理由である。タイも少子高齢化社会で将来的には学生数は減る。それだけでなく、法人化した結果として授業料収入が予算の主要部分を占めることとなった国立大学として、普通より高い授業料（年18万バーツ＝約63万円）で毎年100名を超す新入生を確保できることは、経営にとって大きなメリットである。タイ語の通常学生は一学年500名ほどであるが授業料が6分の1以下（2万8千バーツ＝約10万円）なので、英語コースだけで（学部）授業料収入の半分以上を稼ぎ出していることになる。もちろん、コースパンフレットに書かれているグローバル化に向けた取り組みということはその表向きの理由ではあるが、英語コース運営は、それ以外にも大学にとって「実利的」な意味も隠されていることがわかるのである。

　日本の諸大学法学部で行われている英語による（特に国立大学の修士、博士課程）は、自費留学生は多くはなく、国費その他の奨学金を受けてくる場合が多い。しかし、大学にとって収入という意味では同じである。それよりも、日本の場

合、学生数の低迷にあえぐ大学院にとって、留学生増による院生数確保は、定員充足という大学運営にとっての至上命令に応えるものとして、大きな実利的メリットをもっていることは否定できない事実である。英国では、英語という武器と高いレベルの教育・研究の歴史に支えられ、大学教育は非常に大きい産業であるが、外国人留学生に高い授業料を課しているところに、留学生によって大学運営を支えようとする思惑が露骨に現れている。日本も、本来的にドメスティックであるはずの法学教育をグローバル化（英語化）せざるを得ない状況にすでになっている、と考える。

6. おわりに

さて、今年のタマサート大学英語学士課程で授業をしての感想をひとつ。学生は、大半がタイ人で（なかに、タイ育ちの日本人が一人いたのが面白かった）、多くが上でも述べたようにインターナショナルスクール出身で、英語は非常にうまい。その点、九大にヤングリーダーズプログラム（YLP）などで来るタイの司法官の人たちよりも、語学的には上である。ただ、授業を受ける態度とか、理解力、勉強への姿勢などは、どの大学の法学部でもあり得る一般的な現象が見られた。つまり、一部の学生は良く理解し（授業後、たまには珍しく授業中に質問がでるが、その内容から理解度が推定できる）、自発的にも予習、復習をやるが、かなりの部分は単位のためにだけ出席しているか、やる気はあるがついて来ることができないという状況である。私語もしばしば聞こえる。それから授業中に堂々とカップラーメンを食べている学生がいたのには驚いた。タイの学生は一般的には礼儀正しく、こちらが顔を知らなくても構内ですれ違うとワイ（合掌）で挨拶をしてくれる。また、慣行になっているのか、（日本では最終講義の最後で拍手が出る場合はあるが……）授業を終えるたびに拍手がわく。カップラーメンは文化の違いだろうか。

私の授業の登録者数が 100 名を超えているはずにもかかわらず、常時出席している学生数は半数以下、というのも日本でもしばしばあることだが、これは英語コースに限らず一般の授業でも同じと聞いた。タイの学部授業の問題点は、講

義形式のものばかりで、いわゆるゼミ形式のものは原則としてないということである。教員と直接話す機会が修士課程に入るまで全くなかったと、九大に来た留学生が話していた。それにしては、今回米国やカナダからの交換留学生も入っていて、彼らがしばしば質問をしていたことに誘発されたのかもしれないが、大講義室の授業であったにもかかわらず何人かは手を挙げて質問をしたし、授業後に必ず何人かが質問に来たのはこの英語コースの特色かもしれないと思った。

　最後の授業日が終わり、古くからの知り合いで10年前に法学部長をしていた人と構内ですれ違い、昔話（学部の行事としてスパンブリまで一日旅行をした思い出とか……）を少ししてから船着き場に向かう。一時は大変だったバンコクのスモッグも、3月に入る前にはほぼ解消し、その代わり暑さが日に日に増してきたタープラチャン・キャンパスを、また来年も訪れるであろうことを楽しみにして後にした。

（2019年3月21日）

執筆者紹介

鮎京正訓（あいきょう・まさのり）

愛知県公立大学法人（愛知県立大学、愛知県立芸術大学）理事長。名古屋大学名誉教授（アジア法）。日本学術会議連携会員。著書に『ベトナム憲法史』（日本評論社、1993 年）、『法整備支援とは何か』（名古屋大学出版会、2011 年）、『日本とアジアをつなぐ―法整備支援のすすめ』（旬報社、2017 年）など。

阿部克則　　　編者の欄参照

髙山佳奈子　　編者の欄参照

中谷和弘　　　編者の欄参照

角田猛之（つのだ・たけし）

関西大学法学部教授（法哲学・法文化論）。日本学術会議連携会員。著書に『法文化の探求　法文化比較にむけて』（法律文化社、2001 年）『戦後日本の〈法文化の探求〉　法文化学構築にむけて』（関西大学出版部、2010 年）、『日本社会と法―〈法と社会〉のトピック分析』（晃洋書房、2013 年）など。

森村進（もりむら・すすむ）

一橋大学大学院法学研究科特任教授（法哲学）、日本法哲学会理事長。日本学術会議連携委員。著書に『法哲学講義』（筑摩書房、2015 年）、『リバタリアンはこう考える』（信山社、2013 年）、『財産権の理論』（弘文堂、1995 年）など。

川嶋四郎（かわしま・しろう）

同志社大学法学部教授（民事訴訟法）。日本学術会議連携会員。著書に『公共訴訟の救済法理』（有斐閣、2016 年）、『民事訴訟法概説〔第 2 版〕』（弘文堂、2016 年）、『アメリカ・ロースクール教育論考』（弘文堂、2009 年）など。

横溝大（よこみぞ・だい）

名古屋大学大学院法学研究科教授（国際私法）。日本学術会議連携会員。著書に『グローバル化と公法・私法関係の再編』（編共著、弘文堂、2015 年）、『国際私法（Legal Quest）第 2 版』（共著、有斐閣、2018 年）など。

吾郷眞一（あごう・しんいち）

立命館大学衣笠総合研究機構教授（国際法）。日本学術会議連携会員。著書に『国際労働基準法』（三省堂、1997 年）、『国際経済社会法』（三省堂、2005 年）など。

編者

中谷和弘（なかたに・かずひろ）
東京大学大学院法学政治学研究科教授（国際法）。日本学術会議会員。著書に『ロースクール国際法読本』（信山社、2013年）、『国際法 第3版』（共著、有斐閣、2016年）、『サイバー攻撃の国際法』（共著、信山社、2018年）など。

髙山佳奈子（たかやま・かなこ）
京都大学大学院法学研究科教授（刑事法）。日本学術会議会員。著書に『故意と違法性の意識』（有斐閣、1999年）、『共謀罪の何が問題か』（岩波ブックレット、2017年）、『山口厚先生献呈論文集』（共著、成文堂、2014年）など。

阿部克則（あべ・よしのり）
学習院大学法学部教授（国際法）。日本学術会議連携会員。主たる論文に「天然資源に対する恒久主権原則とWTO協定の解釈適用」『国際法外交雑誌』第114巻4号（2016年）、「WTO対抗措置仲裁における法廷経済学」『学習院大学法学会雑誌』第52巻2号（2017年）など。

グローバル化と法の諸課題―グローバル法学のすすめ 〔検印省略〕

2019年7月25日 初 版 第1刷発行 ＊定価はカバーに表示してあります。

編者 © 中谷和弘・髙山佳奈子・阿部克則　発行者　下田勝司　印刷・製本／中央精版印刷株式会社

東京都文京区向丘1-20-6　郵便振替 00110-6-37828
〒113-0023　TEL 03-3818-5521（代）　FAX 03-3818-5514

発行所　株式会社 東信堂

Published by TOSHINDO PUBLISHING CO., LTD.
1-20-6, Mukougaoka, Bunkyo-ku, Tokyo, 113-0023 Japan
E-Mail : tk203444@fsinet.or.jp　http://www.toshindo-pub.com

ISBN978-4-7989-1572-2　C3032　©Kazuhiro Nakatani, Kanako Takayama, Yoshinori Abe

東信堂

国際法新講〔上〕	田畑茂二郎	二九〇〇円
国際法新講〔下〕	田畑茂二郎	二七〇〇円
ベーシック条約集（二〇一九年版）	編集代表 薬師寺・坂元・浅田	二六〇〇円
ハンディ条約集〔第2版〕	編集代表 薬師寺・坂元・浅田	一五〇〇円
国際環境条約・資料集	編集代表 薬師寺・富岡・田中・薬師寺	八六〇〇円
判例国際法〔第3版〕	編集代表 浅田・酒井	三九〇〇円
日中戦後賠償と国際法	浅田正彦	五二〇〇円
国際法〔第4版〕	浅田正彦編著	二九〇〇円
国際環境法の基本原則	松井芳郎	三八〇〇円
講義 国際経済法	柳赫秀編著	四六〇〇円
国連の金融制裁──法と実務	吉村祥子編著	三二〇〇円
新版 国際商取引法	高桑昭	三六〇〇円
国際民事訴訟法・国際私法論集	高桑昭	六五〇〇円
21世紀の国際法と海洋法の課題	編集 田中則夫	七八〇〇円	松井・富岡・坂元、薬師寺・桐山・西村	六八〇〇円
国際海洋法の現代的形成	編集 田中則夫 薬師寺・桐山・西村	六八〇〇円
条約法の理論と実際	坂元茂樹編著	四六〇〇円
国際海峡	坂元茂樹	四二〇〇円
北極海のガバナンス	稲垣治・柴田明穂編著	五八〇〇円
北極国際法秩序の展望──科学・環境・海洋	奥脇直也・城山英明編著	三六〇〇円
国際立法──国際法の法源論	村瀬信也	六八〇〇円
小田滋・回想の海洋法	小田滋	七六〇〇円
国際法と共に歩んだ六〇年──学者として 裁判官として	小田滋	六八〇〇円
21世紀の国際法秩序──ポスト・ウェストファリアの展望	R・フォーク 川崎孝子訳	三八〇〇円
国際法／はじめて学ぶ人のための〔新訂版〕	大沼保昭	三六〇〇円
国際規範としての人権法と人道法	篠原梓	三三〇〇円
戦争と国際人道法──市民のための国際法入門	井上忠男	二四〇〇円
人道研究ジャーナル5・6・7・8号	日本赤十字国際人道研究センター編	各二四〇〇円
核兵器のない世界へ──理想への現実的アプローチ	黒澤満	二〇〇〇円
軍縮問題入門〔第4版〕そ／その歴史と赤十字のあゆみ	黒澤満編著	二三〇〇円

〒113-0023　東京都文京区向丘1-20-6
TEL 03-3818-5521　FAX 03-3818-5514　振替 00110-6-37828
Email tk203444@fsinet.or.jp　URL:http://www.toshindo-pub.com/

※定価：表示価格（本体）＋税

東信堂

国際刑事裁判所〔第二版〕	村瀬信也編	四二〇〇円
武力紛争の国際法	村瀬信也編	一四三八六円
国連安保理の機能変化	村瀬信也編	二七〇〇円
海洋境界確定の国際法	村瀬信也編	二八〇〇円
自衛権の現代的展開	村瀬信也編	二八〇〇円
国連安全保障理事会——その限界と可能性	村瀬信也編	三三〇〇円
集団安全保障の本質	松浦博司	四六〇〇円
貨幣ゲームの政治経済学	柘山堯司編	二〇〇〇円
相対覇権国家システム安定化論——東アジア統合の行方	柳田辰雄	二四〇〇円
国際政治経済システム学——共生への俯瞰	柳田辰雄	一八〇〇円
〔現代国際法叢書〕		
国際法における承認——その法的機能及び効果の再検討	王志安	五二〇〇円
国際社会と法	高野雄一	四三〇〇円
集団安保と自衛権	高野雄一	四八〇〇円
国際「合意」論序説——法的拘束力を有しない	中村耕一郎	三〇〇〇円
法と力——国際平和の模索	寺沢一	五二〇〇円
憲法と自衛隊——法の支配と平和的生存権	幡新大実	二八〇〇円
イギリス憲法Ⅰ 憲政	幡新大実	四二〇〇円
イギリス債権法	幡新大実	三八〇〇円
根拠文から根抵当へ	幡新大実	二八〇〇円
シリーズ《制度のメカニズム》		
アメリカ連邦最高裁判所	大越康夫	一八〇〇円
衆議院——そのシステムとメカニズム	向大野新治	一八〇〇円
フランスの政治制度〔改訂版〕	大山礼子	二〇〇〇円
イギリスの司法制度	幡新大実	二〇〇〇円
判例 ウィーン売買条約	井原宏・河村寛治編著	四二〇〇円
グローバル企業法	井原宏	三八〇〇円
国際ジョイントベンチャー契約	井原宏	五八〇〇円

〒113-0023　東京都文京区向丘1-20-6
TEL 03-3818-5521　FAX 03-3818-5514　振替 00110-6-37828
Email tk203444@fsinet.or.jp　URL: http://www.toshindo-pub.com/

※定価：表示価格（本体）＋税

== 東信堂 ==

国連の金融制裁―法と実務	吉村祥子編著	三二〇〇円
国連行政とアカウンタビリティーの概念―国連再生への道標	蓮生郁代	三三〇〇円
2008年アメリカ大統領選挙―オバマの当選は何を意味するのか	吉野孝・前嶋和弘編著	二〇〇〇円
オバマ政権はアメリカをどのように変えたのか―支持連合・政策成果・中間選挙	吉野孝・前嶋和弘編著	二六〇〇円
オバマ政権と過渡期のアメリカ社会―選挙、政党、制度、メディア、対外援助	吉野孝・前嶋和弘編著	二四〇〇円
オバマ後のアメリカ政治―二〇一二年大統領選挙と分断された政治の行方	吉野孝・前嶋和弘編著	二五〇〇円
ホワイトハウスの広報戦略―大統領のメッセージを国民に伝えるために	M・J・クマー 吉牟田剛訳	二八〇〇円
「帝国」の国際政治学―冷戦後の国際システムとアメリカ	山本吉宣	四七〇〇円
アメリカの介入政策と米州秩序―複雑システムとしての国際政治	草野大希	五四〇〇円
国際開発協力の政治過程―国際規範の制度化とアメリカ対外援助政策の変容	小川裕子	四〇〇〇円
国際関係入門―共生の観点から	黒澤満編	一八〇〇円
国際共生とは何か―平和で公正な社会へ	黒澤満編	二〇〇〇円
国際共生と広義の安全保障	黒澤満編	二〇〇〇円
国際交流のための現代プロトコール	阿曽村智子	二八〇〇円
聖書と科学のカルチャー・ウォー―概説 アメリカの『創造vs生物進化』論争	E・C・スコット著 鵜浦裕・井上徹訳	三六〇〇円
現代アメリカのガン・ポリティクス	鵜浦裕	二〇〇〇円
暴走するアメリカ大学スポーツの経済学	宮田由紀夫	二六〇〇円
揺らぐ国際システムの中の日本	柳田辰雄編著	二〇〇〇円
開発援助の介入論―インドの河川浄化政策に見る国境と文化を越える困難	西谷内博美	四六〇〇円
資源問題の正義―コンゴの紛争資源問題と消費者の責任	華井和代	三九〇〇円

〒113-0023 東京都文京区向丘1-20-6
TEL 03-3818-5521 FAX 03-3818-5514 振替 00110-6-37828
Email tk203444@fsinet.or.jp URL:http://www.toshindo-pub.com/

※定価：表示価格（本体）＋税

東信堂

北欧サーミの復権と現状【先住民族の社会学1】——ノルウェー・スウェーデン・フィンランドを対象にして	小内 透編著	三九〇〇円
現代アイヌの生活と地域住民【先住民族の社会学2】——札幌市・むかわ町・新ひだか町・伊達市・白糠町を対象にして	小内 透編著	三九〇〇円
白老における「アイヌ民族」の変容——イオマンテにみる神官機能の系譜	西谷内博美	二八〇〇円
開発援助の介入論——インドの河川浄化政策に見る国境と文化を越える困難	西谷内博美	四六〇〇円
資源問題の正義——コンゴの紛争資源問題と消費者の責任	華井和代	三九〇〇円
海外日本人社会とメディア・ネットワーク——パリ日本人社会を事例として	松本行真編著	四六〇〇円
移動の時代を生きる——人・権力・コミュニティ	吉原直樹監修　大西仁・吉原直樹編著	二八〇〇円
国際社会学の射程 国際社会学ブックレット1——日韓の事例と多文化主義再考	芝真里編訳　吉原直樹監修	一二〇〇円
国際移動と移民政策 国際社会学ブックレット2——社会学をめぐるグローバル・ダイアログ	西原和久・有田伸・山本かほり・西原和久編著	一〇〇〇円
トランスナショナリズムと社会のイノベーション 国際社会学ブックレット3——越境する国際社会学とコスモポリタン的志向	西原和久	一三〇〇円
グローバル化と社会運動——半周辺マレーシアにおける反システム運動	山田信行	二八〇〇円
世界システムの新世紀——グローバル化とマレーシア	山田信行	三六〇〇円
「むつ小川原開発・核燃料サイクル施設問題」研究資料集	舩橋晴俊・茅野恒秀・金山行孝・飯島伸子編著	一八〇〇〇円
新版 新潟水俣病問題——加害と被害の社会学	舩橋晴俊・飯島伸子編	三八〇〇円
新潟水俣病をめぐる制度・表象・地域	関 礼子	五六〇〇円
新潟水俣病問題の受容と克服	堀田恭子	四八〇〇円
公害・環境問題の放置構造と解決過程	藤川賢・渡辺伸一・堀畑まなみ著	三八〇〇円
イタイイタイ病・カドミウム問題の社会学——公害被害放置の歴史と現在	飯島伸子・渡辺伸一・藤川賢著	三六〇〇円
金属伝説で日本を読む	井上孝夫	三二〇〇円
白神山地と青秋林道——地域開発と環境保全の社会学	井上孝夫	三二〇〇円
現代環境問題論——理論と方法の再定置のために	井上孝夫	二三〇〇円

〒113-0023　東京都文京区向丘1-20-6
TEL 03-3818-5521　FAX 03-3818-5514　振替 00110-6-37828
Email tk203444@fsinet.or.jp　URL:http://www.toshindo-pub.com/

※定価：表示価格（本体）＋税